PERSPECTIVAS ADICIONALES DE LA
TERAPIA DE REGRESIÓN

TRANSFORMANDO EL
ALMA ETERNA

EDITADO POR ANDY TOMLINSON

CONTRIBUCIONES DE MIEMBROS DE LA
SPIRITUAL REGRESSION THERAPY ASSOCIATION

Publicación por From the Heart Press:
Publicación en Inglés 2013
Traducción al Español 2014
Traducción al español Carmen Martínez Jover, 2014
carmen@carmenmartinezjover.com

Sitio web: www.fromtheheartpress.com

Derechos de autor: Andy Tomlinson
ISBN: 978-0-9572507-9-6

Todos los derechos reservados, exceptuando breves citas en artículos o reseñas críticas. No se deberá reproducir total ni parcialmente este libro de cualquier manera sin autorización previa de los editores.

Los derechos de Andy Tomlinson como editor han sido afirmados de acuerdo al Copyright, Designs and Patents Act 1988 (UK).

Un registro en el catálogo CIP para este libro se encuentra disponible desde la British Library.

Diseño: Ashleigh Hanson, Email: hansonashleigh@hotmail.com

Para saber más sobre los terapeutas que escribieron este libro visite el sitio web: www.regressionassociation.com.

Para saber más sobre Andy Tomlinson y el entrenamiento en la terapia de regresión visite el sitio web: www.regressionacademy.com

CONTENIDOS

PREFACIO 1
INTRODUCCIÓN 3

1. INTEGRACIÓN Y AVANCE 7
POR REENA KUMARASINGHAM

Reconexión con las fortalezas interiores; conexión con nuestro yo divino; ayudar a los clientes a avanzar (establecimiento de metas, anclaje usando el olfato y aceites esenciales, paso al futuro, gratitud); un enfoque integrado de la sanación.

2. TRABAJO CON ENERGÍA OSCURA 33
POR ANDY TOMLINSON

¿Qué es la energía oscura? estudio de caso – la violación de una seguidora espiritual; revisión intuitiva independiente; limpieza de energía oscura de los clientes (permisos, revisiones, protección del terapeuta y otros, creación de portales de energía y canales de flujo de energía, limpieza de la energía oscura, revisiones finales y cierre); estudio de caso – la persistente adhesión del espíritu; limpieza de energía oscura del terapeuta; limpieza remota de energía oscura; limpieza de los bloqueos en la energía del cliente.

3. SANACIÓN ESPIRITUAL DEL NIÑO 61
INTERIOR POR HAZEL NEWTON

Principios fundamentales; arquetipos del niño interior; sanación tradicional del niño interior; estudio de caso – el niño que perdió a su padre; la perspectiva espiritual; estudio de caso – el niño cuyo amigos eran invisibles; técnicas para la sanación espiritual del niño interior (regreso al origen, transformación, integración); sanación del bebé interior.

4. TERAPIA DE REGRESIÓN EN UN CONSULTORIO MÉDICO POR Peter Mack   97

Mi viaje; sanación holística; estudios de caso – problemas gástricos intratables, síndrome del intestino irritable, vértigo, eczema e hiperhidrosis.

5. TRABAJO CON CLIENTES DIFÍCILES POR Tatjana Küchler   121

Clientes distantes e inaccesibles; clientes resistentes; explicación de la hipnosis y la regresión; pruebas de susceptibilidad (el limón, el libro y el globo, párpados fijos, dedos magnéticos); inducciones rápidas; inducciones espontáneas (dedo en la frente, cuenta abreviada); emociones bloqueadas (el puente de afecto, confrontación de un personaje de la vida actual, lo que la emoción nos está diciendo); regresión con ojos abiertos.

6. EL USO DE CRISTALES EN LA TERAPIA DE REGRESIÓN POR Christine McBride   145

Preparación antes de que el cliente llegue (elevación de la vibración del terapeuta, elevación de la vibración de la habitación, preparación para el cliente); técnicas de cristales para la sesión de terapia (calmar al cliente durante la entrevista, relajación inicial, aterrizando, limpieza de chakras, el escaneo del péndulo, información superior, regreso y centro, calmar y suavizar); la entrevista de salida; después de la sesión (limpieza de la habitación, limpieza de los cristales); técnicas de cristales para el terapeuta (balanceo, limpieza, aligeramiento, limpieza de chakras).

7. EMPODERANDO AL CLIENTE 171
POR CHRIS HANSON

Creación de anclas de trance poderosas; asentamiento de emociones – tapping out; integración de recursos positivos – tapping in.

8. SUPERANDO UNA EMERGENCIA 193
ESPIRITUAL POR JANET TRELOAR

Actitudes hacia la emergencia espiritual a través de las eras; causas, misticismo y psicosis; identificación; mi propia emergencia espiritual; estudios de caso - emergencia espiritual; técnicas y estrategias (normalizar la experiencia, suspender prácticas espirituales, limpiar energía intrusiva, manejo de energía, asentamiento, concientización, protección de energía, abrir y cerrar, creación de un lugar seguro, cuándo usar en terapia); qué sucede después.

LECTURAS ADICIONALES 251

ÍNDICE 259

Prefacio

Conocí a Andy en 2003, cuando tuve mi primera introducción a regresión a vidas pasadas como parte de mi investigación para el original *Book of the Soul*. Nunca adiviné entonces que este terapeuta tan talentoso – quien me guiaba tranquilamente a través del proceso en que me arrancaran las uñas durante una sesión interesante con la Inquisición – se convertiría en un amigo cercano y colega, quien abriría panoramas completamente nuevos de mi vida. Llegamos a colaborar en varios libros, y con el beneficio de la retrospectiva, se ha vuelto claro que todo esto fue planeado por ambos en un nivel del alma.

No obstante pasó algún tiempo hasta que me abriera a la posibilidad de que pudiera yo mismo convertirme en terapeuta de regresión. Sentía que mis fortalezas se encontraban en la investigación y análisis realistas; del hemisferio derecho. Pero Andy y sus maravillosos colegas en la *Past Life Regression Academy* abrieron mis ojos al hecho de que yo también podía aprender a 'salir del corazón y no de la cabeza', y a mezclar los consejos teóricos con ayuda práctica de uno a uno. Como un terapeuta cualificado me siento ahora con el honor de ser capaz de usar un conjunto de herramientas tan poderoso para ayudar a aquellos en la necesidad de sanación de los numerosos traumas que todos aceptamos pasar como parte de nuestra experiencia terrenal.

Pero una regla clave de la Academia, como debería ser con cualquier entrenamiento profesional en terapia, es 'sánate a ti mismo primero', y es la autorrealización y crecimiento que viene de encarar esos aspectos más 'bajos' o menos desarrollados de nosotros mismos que hacen del entrenamiento con la *Past Life Regression Academy* una experiencia tan enormemente gratificante desde una perspectiva del crecimiento personal. Eso adicionalmente al hecho de que todos nosotros los graduados hemos conocido a algunos de los más estupendos amigos en nuestras vidas a través de este proceso. Todo esto se resume en la forma en que Andy y sus entrenadores logran balancear un profesionalismo supremo con la creación de un entorno amoroso y nutritivo. Entrenar con ellos es trabajo duro, como cualquier cosa que valiera la pena debería ser, pero es también una muy buena diversión.

Como un graduado del proceso sé por experiencia cuán importante es continuar avanzando y aprendiendo nuevas técnicas. Aunque hay algunos componentes esenciales de la terapia de regresión, como lo cubre Andy en *Healing the Eternal Soul* (Sanando el Alma Eterna), él – y los Sabios – claramente lo ven como una plataforma dinámica, central, sobre la cual muchos otros enfoques terapéuticos pueden ser añadidos. Así que este volumen de continuación está diseñado para explicar algunas de estas técnicas adicionales y cómo están siendo integradas en el trabajo de regresión por un número de graduados de la Academia. Sus contribuciones son un gran testamento para ello y para la gente maravillosamente talentosa que atrae.

Ian Lawton
Marzo 2011

Introducción

Andy Tomlinson

*Una alegría, una depresión, una mezquindad,
alguna conciencia momentánea
viene como un visitante inesperado.
Sé agradecido por quien sea que venga,
porque cada uno ha sido enviado
como un guía del más allá.*

Jelaluddin Rumi, místico sufista, siglo XIII.

En 2005 cuando publiqué *Healing the Eternal Soul* (Sanando el Alma Eterna), intenté reunir las técnicas comúnmente usadas en la terapia de regresión de una manera que le permitiera a los terapeutas entenderlas fácilmente. El éxito de esto ha sido el desarrollo asombrosamente veloz de habilidades los terapeutas de regresión en mis programas de entrenamiento que usaron el libro como material de referencia. La otra realización que tuve fue que la inspiración del libro y la guía que se da cuando ejecuto mis programas de entrenamiento están siendo dirigidos por un grupo de espíritus evolucionados a quienes me refiero como los *Sabios*. Su involucramiento en este trabajo se debe a la naturaleza espiritual de esta terapia. Usando intuición y conciencia espiritual la terapia de regresión va más allá de la resolución de síntomas a despertar el alma del cliente – actualmente la actividad espiritual más importante dirigida desde los reinos espirituales.

En 2006 trabajé con mis colegas en la fundación de la *Earth Association of Regression Therapy*. Esto me proporcionó una maravillosa oportunidad para establecer estándares en la terapia de regresión en las escuelas involucradas. Desde entonces la asociación se ha vuelto internacional, aunando escuelas de regresión y a terapeutas de todos los orígenes, incluyendo a profesionales de las áreas médicas y psicológicas.

Como se incrementó el número de terapeutas de regresión graduados de mi propio entrenamiento, comencé a organizar reuniones que incluían la oportunidad para que ellos compartieran diferentes técnicas que usaban con el proceso de regresión. La primera fue en 2009 y fue un increíble éxito y me ayudo a darme cuenta de los maravillosos talentos que tenían de diferentes orígenes. Fue entonces que los Sabios canalizaron la necesidad de establecer una asociación para mantener esta energía viva, para construirla y nutrirla. Así fue creada la *Spiritual Regression Therapy Association*. El código de ética de la asociación fue canalizado por los Sabios. A diferencia de otros códigos de ética que frecuentemente se leen como un contrato legal, este es inspirador. Se encuentra disponible para la revisión de los lectores en el sitio web: *www.spiritual-regression-therapy-association.com*, junto con una lista completa de todos los terapeutas de regresión entrenados por la *Past Life Regression Academy* que yo establecí.

Al mismo tiempo los Sabios requirieron que escribiera un nuevo libro para llevar la terapia de regresión más allá. Éste incorporaría nuevas técnicas que ellos estaban poniendo a disposición y técnicas de las reuniones. Esto se ha convertido en *Transforming the Eternal Soul* (Transformando el Alma Eterna). Mi rol ha sido el de proveer inspiración y edición para asegurarme de que el libro puede transmitir fácilmente las técnicas y el conocimiento al lector terapeuta y asimismo ser interesante para el lector general.

El primer capítulo, escrito por Reena Kumarasingham, introduce a los lectores a un área que con frecuencia no es completamente apreciada por los terapeutas – técnicas que ayudan a un cliente a integrar la sesión terapéutica en su vida actual

Introducción

completamente. También introduce con estudios de caso el punto importante de que no hay terapia que sea una isla que tiene todas las respuestas. Aunque la terapia de regresión sea maravillosa para los complejos crónicos y más profundos, adicionalmente otros enfoques terapéuticos son con frecuencia útiles en diferentes puntos del proceso de sanación.

El segundo capítulo es uno que he escrito yo. Introduce una técnica que fue canalizada por los Sabios y ha demostrado ser asombrosamente rápida y efectiva con mis clientes desde que la introduje al inicio del 2010. Hace posible que toda una serie de energía intrusiva densa y adhesiones de espíritus, a lo que he llamado energía oscura, puedan ser rápidamente limpiados de los clientes. También funciona igualmente bien para los clientes remotamente.

El tercer capítulo cubre la regresión espiritual al niño interior. Hazel Newton ha tenido una pasión por desarrollar la terapia del niño interior por un número de años. Ella incorpora técnicas existentes y proporciona un proceso de sanación extremadamente profundo. Hazel comparte sus técnicas y explica cómo ayudando al cliente a conocer su contrato de alma le da al niño interior una oportunidad para un nuevo entendimiento y transformación.

El cuarto capítulo está escrito por Peter Mack, un profesional médico de mente abierta quien comparte su descubrimiento de la terapia de regresión y la forma en la que la integra en la práctica médica en el hospital adonde él trabaja. Él comparte sus estudios de caso de cómo las vidas pasadas y la terapia de regresión transformaron las condiciones médicas de sus pacientes que no respondían a los enfoques médicos tradicionales. En el quinto capítulo Tatjana Radovanovic Küchler, una terapeuta de regresión con base en Suiza, comparte su conocimiento y técnicas para trabajar con clientes difíciles. Está lleno de consejos y sugerencias.

El sexto capítulo cubre el uso de los cristales con la terapia de regresión. Christine McBride es una practicante experta e intuitiva con los cristales y explica que a pesar de que podemos solamente ver las vibraciones más bajas en nuestro mundo físico, las vibraciones más altas necesitan ser consideradas. Ella describe técnicas fáciles de usar que utilizan las vibraciones más altas de los cristales y explica cómo pueden ser usadas en diferentes etapas del proceso de regresión.

Aparte de transformar el problema que presenta el cliente, los terapeutas pueden facultarlo enseñándole técnicas que pueda usar él mismo. En el séptimo capítulo Chris Hanson recurre a su pasión en esta área para compartir las técnicas que ella ha encontrado efectivas, incluyendo algunas que ella misma ha desarrollado.

El octavo capítulo está dedicado a ayudar a los clientes a través de una emergencia espiritual. Esta es una sobrecarga intuitiva abrumadora que puede crear confusión y síntomas de tipo psicótico. Janet Treloar ha estado trabajando con clientes por muchos años en su clínica de terapia de regresión como pionera de técnicas que ayuden a los clientes a atravesar estas experiencias, y en este capítulo comparte este conocimiento.

Mis palabras finales en esta introducción son de agradecimiento: a los asombrosos terapeutas de regresión quienes han dado su tiempo y han compartido sus propias joyas de la corona en este libro; a Ian Lawton, quien asistió en el proceso de edición y de publicación; pero el agradecimiento más grande e importante es para los Sabios por su inspiración, ideas y sabiduría tanto para mí como para todos los contribuyentes en este libro.

Nota que todos los nombres de pacientes y clientes en los estudios de caso son seudónimos para proteger sus identidades.

1

Integración y Avance

Reena Kumarasingham

*Tal como con todas las cosas vivas,
estás aquí para realizar tu plenitud.
No esperes a que la muerte dé a luz al vasto espíritu dentro de ti.
Mas la muerte no cambia nada más que la carne que embellece
tu rostro.*

Hajjar Gibran

Introducción

La terapia de regresión, ya sea a vidas pasadas o a la vida actual, es una modalidad poderosa no sólo para limpiar energías bloqueadas e inhibidoras, sino también para ofrecer nuevas revelaciones y nuevas perspectivas al cliente. Viendo la perspectiva espiritual de una relación desafiante, un evento traumático, o alguna situación difícil de la vida, el cliente se llena normalmente de esperanza y de energía renovada – Pero, ¿Con qué efecto?

En cualquier modalidad de sanación el aspecto más importante es el cliente, y es prioridad del terapeuta proveer el mejor cuidado para ayudarles a sanar. ¿Cuál exactamente es el significado de 'sanar'? ¿Qué estamos ayudando nosotros terapeutas a que nuestros clientes hagan? Fundamentalmente, los clientes buscan ayuda porque se sienten atorados. Pueden sentirse atorados en un ciclo, un ciclo de negatividad – por ejemplo, un ciclo de miedo, ciclo de ansiedad, ciclo de adicción, incluso en un ciclo de constante limpieza. La terapia de regresión es una maravillosa técnica para destapar y limpiar el origen de este ciclo emocional. La terapia también es valiosa para proporcionar al cliente nuevas perspectivas positivas en su situación.

Mi pregunta es – ¿Luego qué? En mi opinión el valor de los bloques limpiados y las nuevas perspectivas toma efecto en la acción física, emocional, mental y espiritual que el cliente decida tomar para avanzar. Esta acción de avanzar constituye un importante componente del proceso de sanación.

El haber sido limpiado de energías y deambular en círculos, un poco confundido en sus circunstancias cambiadas, o constantemente seguir limpiando sin una visión de cómo avanzar no ayuda a que el individuo cambie. Es una cosa totalmente distinta el ser desbloqueado y el ser empoderado a avanzar en un camino Nuevo de su elección – nuevos patrones, nuevo comportamiento – una vida nueva transformada. El poder está en tomar una decisión y realizar una acción para cambiar.

Ginger había apenas recibido algunas noticias preocupantes. Después de haber recuperado su salud total y completa después de una condición cardiaca previa, su cardiólogo le dijo que sus dos arterias carótidas estaban bloqueadas – el lado izquierdo estaba 33 porciento bloqueado y el derecho más de 50 porciento bloqueado. Sus opciones eran cirugía o medicación. Las tres más grandes complicaciones de la cirugía eran la muerte, un ataque al corazón y un infarto. Con gentileza declinó la ayuda médica Occidental y recurrió a la

Integración y Avance

ruta holística que la había llevado de vuelta a su salud previamente. Recordó que su lado izquierdo estaba bloqueado 33 porciento – un número maestro, 33 – y creía que esto podía ser una señal de que ella podía hacer esto de manera diferente. Este conocimiento la empoderó; le dio confianza total en sus propias habilidades de sanación. Pidió ayuda a expertos y generó un plan que ella pensó tomaría al menos seis meses en dar frutos. Sus doctores familia y marido accedieron.

Luego ella fue con un naturópata quien investigó cada evento de salud relevante en su vida y diseñó un plan para poner todo en su lugar. Se concentraron en impulsar el sistema inmune, dilatando el suministro arterial, sosteniendo al hígado y estimulando una comunicación más sucinta entre célula y célula. También se le aconsejó por tres expertos en aceites esenciales que usara tópicamente aceites prescritos, al igual que su ingestión diaria. Los aceites calmarían el cuerpo del trauma y abrirán el suministro arterial. Ella diseñó una meditación específica que practicaba por 20 minutos, cuatro veces al día. Ella se imaginaba desprendiendo el bloqueo célula por célula. Ella imaginaba cada célula gentilmente viajando a través del cuerpo, eliminándose de forma segura. También hizo honor al arte antiguo del Jin Shin Jyut Su e iba semanalmente, al igual que visitaba a un excelente practicante de Lenguaje Corporal. Lo remató con terapia de regresión – abriéndose a la limpieza de todo lo que ya no necesitaba ser llevado.

Durante su sesión de regresión, conforme estaba siendo inducida, Ginger se vio a sí misma colgada de cabeza. Sus manos estaban atadas detrás de su espalda. Sintió una presión y luego un dolor agudo en los lados de su cuello, cerca de sus arterias carótidas. Sintió que su cabeza estaba bloqueada en algo que se sentía como acero – no se podía mover, gritar o llorar. Su voz estaba paralizada. Luego sintió como si estuviera siendo bajada, cabeza abajo sobre un objeto de tortura semejante a un tornillo. Estaban ocupándola como ejemplo en frente de otros. Luego vio que su cuerpo torturado estaba colgando en la prisión camboyana conocida como S21 – el centro más grande de detención y tortura en Camboya, donde 20,000 hombres, mujeres, niños y bebés fueron ejecutados por el Khmer Rouge entre 1975 y 1979. Luego ella tomó la forma de Espíritu y subió a la Luz. Conforme lo hacía se tornaba callada, sin reaccionar a los comandos. Luego dijo que se vio a sí misma levantarse con otras almas en la prisión. Mientras estaba en la Luz, tuvo una profunda experiencia energética con los Seres de Luz.

¿Cómo le ayudó esta sesión en su sanación? De acuerdo a Ginger: 'Abrí lo más profundo de mi mente, actual y pasado, y liberé el miedo asociado con el estar atrapada, ser silenciada, torturada sin razón.'

La sesión de regresión produjo la consciencia y realización de que había una experiencia traumática a la que ella se aferraba y necesitaba liberar. El segundo elemento de la regresión fue el significado para ella del número 33. Ella sintió que había sido forzada en el pasado, y algunas veces en esta vida, para contener su voz. Se sentía confinada, incapaz de hablar en contra de la injusticia, decir lo que pensaba. Esto estaba representado por la barra de metal a través de su cara y mandíbula, suprimiendo su habilidad de gritar. La sesión de regresión la facultó para abrirse, y para comprometerse a hablar su verdad de este momento en adelante. ¡Su garganta, en efecto su autenticidad, tenía que ser abierta! Subsecuentemente fue a Camboya y en S-21, que es ahora un museo, realizó una meditación de sanación para sí misma y todos los demás.

Tres meses estando en este plan de sanación integrado, ella regresó por una revisión médica. ¡Una tomografía computarizada confirmó que ambas arterias estaban 100 porciento limpias! Los doctores insistían en hacer pruebas sobre la calcificación en las arterias – una señal temprana de bloqueos – ¡y su resultado fue un cero perfecto! Sus doctores volvieron a verificar los escaneos originales y reconfirmaron que los bloqueos habían estado de hecho ahí tres meses antes. Su sanación fue real y completa, y fue atestiguada por los mejores cardiólogos en dos importantes centros médicos.

Este es un estudio de caso inspirador que tiene valor porque ilustra claramente tantos aspectos que los terapeutas pueden aprender e implementar en su propia práctica para ayudar a un cliente. Para efectos nuestros hay tres cuestiones particularmente interesantes. La primera es que Ginger estaba completamente en contacto con su poder, totalmente segura de que ella era capaz de curarse a sí misma. La segunda es que ella utilizó un enfoque integrado y holístico – de mente, cuerpo y espíritu – basado en una meta clara y definida. En tercer lugar, avanzando, ella ha implementado cambios positivos en su vida entera para mantener su condición saludable.

Conforme avanzamos intentaré ilustrar algunos de los métodos que yo uso para:

- Ayudar a un cliente apreciar y reconectarse con el origen de su poder.

- Guiar a los clientes a avanzar e implementar cambios positivos en sus vidas – físicamente, mentalmente, emocionalmente y espiritualmente.

- Guiar a los clientes hacia un enfoque integrado para su sanación.

Esta no es en absoluto una lista exhaustiva – de hecho, está lejos de serlo. Están simplemente basadas en mi experiencia, y están ahí para ilustrar los beneficios para los clientes de la terapia orientada hacia el frente.

Reconexión con tu Fuerza Interior

Cuando un individuo está atorado en un ciclo desalentador, o está encarando una situación sumamente desafiante, es más probable que pierdan su sentido del yo, el sentido de su propio poder. De hecho la creencia más profunda de la mayoría de los individuos en esta situación es 'No soy suficientemente bueno'. Con frecuencia esto se traduce como 'No soy suficientemente bueno para llevar la vida saludable y feliz que quiero' – lo cual luego conduce a emociones desalentadoras como miedo, culpa y resentimiento. Esto a su vez conduce a patrones de elecciones insatisfactorias de estilo de vida y ciclos de comportamiento negativo. Esto desalienta profundamente al individuo. Casi pierde su sentido del yo.

Es muy difícil para un individuo desalentado encontrar la fuerza para sanarse a sí mismo – restaurarse y avanzar. Como terapeutas, sabemos que el elemento clave en la sanación es el individuo en sí – su deseo de mejorar y su confianza innata para saber que ellos *van* a mejorar. El viejo dicho 'Si crees que no puedes, estás en lo correcto' aplica. Así que lo primero que un terapeuta debe hacer es ayudar a su cliente a contactar con su confianza en sus propias habilidades de sanación, para reconectarlos con su poder interior – el poder para cambiar sus propias vidas.

La terapia de regresión predominantemente trabaja bajo el principio del remplazo de las memorias negativas con pensamientos positivos y nuevas asociaciones, pero la regresión también puede ser usada para aumentar y llevar a la consciencia del individuo los elementos positivos de sí mismo. Esto se hace incluso más poderoso porque los individuos lo experimentan por sí mismos – no se les cuenta, no se les obliga a hacerlo – viene de dentro de ellos, así facultándolos aún más. Esto realmente construye su confianza y los prepara para su viaje de sanación.

Una de mis maneras favoritas de hacer esto, como un primer paso, es llevar al individuo de vuelta a alguna ocasión (de una vida pasada o de la vida actual) en la que tuvo emociones positivas fuertes – cualquier experiencia donde sintieron una cantidad tremenda de amor, o confianza, o fortaleza – virtualmente cualquier emoción que sea alentadora.

En segunda, el enfoque del individuo se lleva a esa emoción para que esté profundamente consciente de ella. Preguntas que pueden usarse incluyen:

¿Cómo se siente esa emoción?

¿Se siente bien?

¿Dónde sientes esa emoción?

En tercera, por medio de sugestión directa se le alienta al individuo a acrecentar la emoción, a realmente fortalecer la emoción y completamente sumergirse en ella. Algunas de las directrices incluyen:

Simplemente siente esa emoción crecer. Deja que derrame fuera de tu corazón (o el lugar donde notaron la emoción) **en tu cuerpo.**

Siente la emoción llenar tu cuerpo entero.

Completamente sumérgete en esta emoción.

Luego, cuando la emoción positiva esté en su punto más álgido, el cuarto paso es anclarla. Una vez que esta emoción positiva esté firmemente anclada en la psique de la persona, será más fácil para ella lidiar con sus dificultades. Cuando se les lleve a una memoria traumática, traer la emoción positiva antes de que encaren su reto normalmente les ayuda a encarar la dificultad con confianza. El proceso de transformación puede hacerse más fácil cuando el individuo puede recurrir a sus propios recursos positivos cuando está manejando una dificultad. Les empodera aún más y les da más confianza. Podemos luego usar esta técnica y llevarla un paso más lejos.

Conexión con nuestro Yo Divino

Todos somos seres divinos. Todos tenemos aspectos de la Fuente dentro de nosotros – porque nuestras almas vienen de la Fuente. El cuerpo, las emociones y las memorias son las campanas y silbatos que hemos personificado para facilitar nuestro aprendizaje en este plano. Es fácil olvidar a nuestro yo original e infinito mientras lidiamos con experiencias difíciles que nos ayudan a crecer y aprender.

La regresión nos puede llevar de vuelta para recordar y reconectar con nuestros aspectos Divinos. Simplemente sigue el proceso de arriba hasta el tercer paso. Una vez que el individuo esté totalmente inmerso en esta experiencia positiva, pídele que enfoque su consciencia en su corazón. Luego pídele que abran su corazón y sigan esa emoción hacia dentro de él. Algunas de las sugestiones a usar son:

Entra en tu corazón – hasta las profundidades más profundas de tu corazón.

Ve al centro de tu corazón.

Hazte consciente de tu experiencia.

Ve directo al origen de la emoción y únete con la experiencia.

Ve directo al origen de la emoción (sólo si la emoción se originó del corazón).

¿Qué notas?

He usado esta técnica con casi todos mis clientes. Cuando se condujo apropiadamente, todos han experimentado una intensa ola de emoción positiva. Algunos lo experimentan como amor profundo, algunos como gozo alegre. Algunos se hacen conscientes de visuales de perfección – oro, un guijarro perfectamente suave y girando, las flores más hermosas, o un destello de sol.

Luego pregúntales si saben lo que los visuales o los sentimientos representan. En mi experiencia, la mayoría de mis clientes lo han identificado como ellos mismos, el centro de sí mismos. Con el resto, cierto aliento es necesario. ¿Se siente familiar? ¿Qué se siente familiar de ellos? ¿A qué te recuerda? Todos ellos han identificado la experiencia como entrar y conocer su núcleo interior.

Luego, reafirma este reconocimiento y lleva la atención completa del individuo a la experiencia. Ejemplos de frases son:

Sí – este eres tú, este es el núcleo de tu ser, tu Esencia Pura, tu Yo Divino.

Simplemente experimenta cómo se siente tu Esencia Pura.

Simplemente experimenta la perfección que eres, la belleza que eres tú.

A través de sugestiones directas se anima al individuo a acrecentar la emoción, a realmente fortalecerla y completamente sumergirse en ella. Luego, cuando la realización esté en su punto más álgido, el siguiente paso es anclarla.

Travers tuvo la intención de trabajar en algunos asuntos de relaciones. Durante la sesión de coaching se reveló que la lección de vida subyacente en la que estaba trabajando era el amor a sí mismo. Durante la regresión dijo que tenía un dolor en el pecho y que le era difícil superarlo. A través de señalización ideo-motora se determinó que el bloque energético era una forma de pensar, de autocrítica, que él había absorbido de su padre. El pensamiento hecho forma fue limpiado usando terapia de colores. Se le pidió que fuera al núcleo de este pensamiento, y trajo tres colores para disolver la energía desde el centro – rojo por el amor, naranja para la paz y amarillo para la felicidad. Conforme los colores se disolvían en la forma de pensamiento, el dolor físico que estaba experimentando disminuyó hasta que había sólo una pizca que podía ser limpiada usando regresión a vidas pasadas. El espacio de su corazón estaba despejado.

Se estableció, por medio de señalización ideo-motora, que necesitaba conectar con su Origen Divino. Usando técnicas ilustradas arriba fue dirigido a ir al núcleo de su corazón ahora despejado. Aquí Travers describe su experiencia en sus propias palabras: 'Conforme fui más y más profundo en mi corazón, al principio sentía como si estuviese volando en un negro aparentemente vacío. Luego, repentinamente, estaba en un lugar totalmente nuevo y maravilloso, completamente rodeado por luz blanca brillante, que era tan brillante que era casi cegadora. Al centro de este santuario había un hombre arrodillado con las manos juntas en oración, y sentí tal aura de paz y sabiduría emanando de él, al igual que una fuerte conexión de cuidado y familiaridad. 'Ese eres tú,' dijo la voz, '¡ve a él y háganse uno!' conforme flotaba y me fundía con él. Increíblemente me convertí en esa figura arrodillada en oración. La urgencia de físicamente mover mis piernas y manos para imitar la posición de su cuerpo era abrumadora, así que dejé que mi cuerpo hiciera exactamente eso.'

En este punto el encuentro de Travers con su Yo Divino

fue reafirmado y fue animado a realmente explorar la experiencia y los sentimientos, al igual que a acrecentar la emoción y sumergirse en ella. De nuevo describe esta experiencia en sus propias palabras: 'Los sentimientos después pueden ser solamente descritos en superlativos y demasiado apasionados. Hubo una explosión masiva de energía intensa desde dentro de mi corazón y se derramó y brilló hacia fuera de mi cuerpo en todas las direcciones, especialmente de mis manos y dedos. Se sintió como electricidad pero era un millón de veces más poderoso, ya que era energía, calor, luz y amor todo en uno. Me había vuelto uno con la luz blanca brillante y no pude evitar llorar lágrimas de alegría, habiendo sido este el sentimiento más hermoso que he sentido en esta Tierra. La luz blanca estaba a mi alrededor, dentro de mí, era todo de mí y yo era el universo entero también. Era perfección total y absoluta, tan hermosa y simple, y aún tan magnífica y aleccionadora de humildad que yo simplemente quería quedarme ahí absorbiendo y apreciando la experiencia por siempre. Sabía sin lugar a dudas que estaba de vuelta en Casa por primera vez en esta vida, que aquí era adonde realmente pertenecía como un ser de luz y que la energía fluyendo a través de mí era tan poderosa que podía dar forma al tejido mismo del universo.'

En la cumbre de la intensidad de su emoción, Travers ancló las sensaciones usando el dedo medio y pulgar. Después de que se había sumergido en su Esencia pura por tanto tiempo como quiso, se le pidió que volviera a su consciencia. En sus propias palabras: 'Lentamente, al energía fluyendo a través de mí se detuvo conforme volvía a mi cuerpo y fue como si estuviera aún todo adormecido. Los efectos posteriores de la experiencia fueron un poco como cuando un flash de una cámara se dispara frente a tus ojos, esa imagen posterior que lentamente se desvanece. Con todo, mi cuerpo estaba aún hormigueando, especialmente mis dedos donde podía aún sentir las sensaciones de esa luz blanca disparándose por las yemas de mis dedos. Fue difícil regresar a nuestra 'realidad' común y terrenal después de la sesión, el tener que preocuparme sobre tomar el autobús a casa cuando había sentido como si pudiera volar alrededor del planeta varias veces más fácilmente. No obstante sé en mi corazón que siempre puedo acudir a esa energía de nuevo si la necesito en mi vida en el futuro, y ese es un pensamiento increíblemente reconfortante. Rezo para que use esta nueva consciencia de la Energía Universal sólo para el bien y para ayudarme y ayudar a los demás a aprender sus lecciones de vida y lograr sus metas mundanas y espirituales.'

La siguiente sección ilustrará algunos de los pasos tomados para anclar estas experiencias positivas. El poder transformativo de la reconexión con nuestra Esencia Pura, nuestro Aspecto Divino, es mucho más de lo que podemos darnos cuenta. Especialmente si se hace al final de la sesión y el individuo se va sintiéndose impulsado, lo cual hace más fácil que ellos avancen.

Ayudar a los Clientes a Avanzar

Una mente es como un caballo. Tres piernas del caballo representan a la mente inconsciente. Una pierna del caballo representa a la mente consciente. Para que el caballo pueda avanzar, todas las piernas han de moverse en la misma dirección. De la misma manera, para que el cliente avance de manera cohesiva, tanto la mente inconsciente como la mente consciente han de trabajar juntas para moverse en la misma dirección, al mismo tiempo.

La terapia de regresión es una de las maneras más rápidas y eficientes para trabajar y transformar las mentes inconscientes.

Para maximizar por completo la sanación de los clientes, la mente consciente también ha de trabajarse.

Otro beneficio de conducir al cliente a trabajar su mente consciente es que les faculta para ser realmente responsables de la sanación. Ellos sienten que realmente han hecho el trabajo, y por lo tanto la sanación se hace más dulce cuando ven los resultados.

Establecimiento de Metas

Uno de los ejercicios más importantes es el llevar a la consciencia del cliente metas claras que a ellos les gustaría lograr a partir de sus sesiones. Recopilar síntomas medibles es una manera de hacerlo. Otra manera más cualitativa de hacerlo es definiendo claramente el estado actual en el que se encuentran ahora, y el estado deseado que les gustaría alcanzar. Esto claramente define lo que a ellos les gustaría obtener de la sesión, lo cual les ayuda a realizar un seguimiento de su progreso también.

De lo que tenemos que estar conscientes con este paso es con el control de sus expectativas, y con mantenerlas posibles. Continúa recordándoles que los milagros ocurren después de un poco de perseverancia y trabajo arduo.

Anclaje Usando el Olfato y Aceites Esenciales

El anclaje es otra manera de trabajar cohesivamente con la mente inconsciente y la mente consciente. Una de las maneras más efectivas que he encontrado para anclar un estado particular es usando el olfato – a través de aceites esenciales. Aparte de los efectos farmacológicos de los aceites esenciales, individualmente hablando, una de las formas poderosas en que los olores influencian la psique humana es a través del mecanismo semántico.

El olfato es nuestro sentido más primitivo. Al contrario de otros sentidos, el olfato pasa directamente al sistema límbico, el centro emocional del cerebro. Esta ruta rápida a los cuarteles emocionales provoca fuertes memorias emocionales. De acuerdo a J.S. Jellinek, en su libro *Psychodynamic Odor Effects and Their Mechanisms*, los olores son experimentados dentro del contexto de situaciones de vida.[1] Si la experiencia de un olor ocurre en una situación que está altamente cargada emocionalmente, las emociones experimentadas son guardadas en la memoria junto con la experiencia olfativa. Cuando el olor es experimentado en un tiempo posterior, su huella en la memoria, incluyendo el efecto emocional, es recuperado.

Usando los principios del mecanismo semántico, anclar un estado emocional con aceites esenciales permite al cliente reactivar la huella positiva en la memoria y la percepción positiva que ha sido establecida en la mente inconsciente al llevarla a la consciencia del individuo.

Se pueden usar aceites diferentes para satisfacer este objetivo. Mi favorito es la combinación de las propiedades energéticas y farmacológicas de los aceites con el mecanismo semántico. Así que, si alguien está trabajando en problemas de relaciones, uso una mezcla para sanar el dolor que lleva el individuo. Si alguien está trabajando en su valor personal, uso una mezcla de aceites para que ellos reconozcan su magnificencia. Esto es como un doble golpe, donde los aceites trabajan en muchos niveles diferentes – mente, cuerpo y espíritu – y hace que el uso de los aceites sea más efectivo.

Durante la sesión de regresión, cuando la emoción positiva se encuentra en su punto más álgido, se usan sugestiones directas para asociar el olor con la energía positiva. Y cuando esto ha sido anclado, se usan afirmaciones como un método secundario para anclar la experiencia.

Una vez que el cliente sale de la sesión, durante la fase de interrogación, se le da al cliente el aceite y las afirmaciones a utilizar y repetir cada mañana por tres semanas, sin falla. Este periodo es efectivo porque recupera las memorias inconscientes que han sido transformadas y las lleva a la consciencia del cliente.

De esta manera, tanto la mente inconsciente como la consciente están trabajando cohesivamente para reforzar el nuevo estado positivo y realzado del cliente.

El mecanismo semántico, combinado con los efectos farmacológicos, hace de los aceites esenciales una técnica particularmente poderosa para anclar un estado positivo en el cliente.

Paso al Futuro

El paso al futuro es una técnica usada en hipnosis y en PNL (Programación Neuro-Lingüística) para conducir al cliente a visualizar cómo la transformación afectará sus vidas, digamos, de 6 a 12 meses en el futuro. Por favor nota que esta no es ni una progresión ni una predicción – es meramente una forma poderosa de visualización creativa.

Una vez que la emoción positiva está anclada firmemente en la psique de la persona, el siguiente paso es llevarlos 6 meses al futuro y permitirles experimentar cómo sería su vida entonces. Condúcelos a experimentar situaciones que solían ser difíciles antes del anclaje y el proceso de transformación. Ejemplos de frases y preguntas a usar incluyen:

Avanza 6 meses en el futuro y dime de qué te haces consciente.

Ve a una reunión que estás teniendo con tu jefe (o cualquier otra situación difícil). **Dime qué sucede.**

Avanza 12 meses en el futuro y dime qué es de lo que te has hecho consciente.

El paso al futuro lleva a la consciencia del individuo la posibilidad de un futuro transformado, lo cual los faculta más para hacer el cambio positivo para avanzar. Ya que están trabajando con la mente inconsciente, la experiencia se percibe como literal, por lo tanto, la emoción sentida es real. Esto inculca confianza en el cliente y le da una manera de poner en marcha su avance. El hacer esto al final de la sesión también hace sentir al cliente impulsado sobre la sesión y sobre su experiencia, y les dejará con una experiencia positiva.

Para fortalecer esta experiencia tanto en la mente consciente como en la inconsciente, los clientes pueden volver para una sesión subsecuente para un 'tablero de visión'. Pedir al cliente que compile fotos, citas, cualquier cosa para representar sus sueños, mantiene viva la energía positiva de un paso al futuro por la semana, lo cual fortalece su confianza para alcanzar la meta en su mente y psique. Luego compilar todo esto en un tablero de visión de una manera estructurada y creativa acrecienta su confianza y es un fuerte recordatorio visual de lo que pueden alcanzar y hacia lo que están trabajando. Este es un paso importante en alentar al cliente a creer en su propio poder de manifestación.

GRATITUD

La gratitud es una de las emociones más importantes que una persona puede sentir. La gratitud ayuda a un individuo a ver lo que tiene y a sentir alegría por sus bendiciones y abundancia, opuesto a ver qué es lo que no tiene.

Integración y Avance

También es importante para un individuo sentirse agradecido hacia sí mismo. Mucha gente no se da a sí misma suficiente crédito por sus propias capacidades y talentos. Esto contribuye a los sentimientos de baja autoestima y carencia de valor personal, entre otras emociones autocríticas, lo cual contribuye a los patrones de comportamiento negativos.

El auto-reconocimiento consciente es clave para desplazar este patrón de pensamiento, e incluso mejor, para empoderar a un individuo. Una de las maneras más efectivas que he encontrado para conducir a un cliente para hacer esto es usando un diario de gratitud. Sarah Ban Breathnach, en su libro *Simple Abundance*, habla sobre la apreciación y el demostrar gratitud por cosas simples en la vida. [2] Ella ha desarrollado una manera sumamente simple, mas aún poderosa para que los individuos reconozcan y aprecien conscientemente su abundancia, a través del diario de gratitud.

Su idea es que los individuos escriban al menos cinco cosas de las cuales se sienten agradecidos en la noche, antes de ir a la cama. Este simple acto diario impulsa al individuo a ser consciente de sus bendiciones y a contarlas antes de dormir. El hacer esto antes de dormir es importante porque están llenos de pensamientos positivos antes de retirarse por la noche. Esto luego se filtra al inconsciente, y la energía positiva se mantiene a lo largo de la noche. Si acaso, al menos le proporcionará al individuo un sueño tranquilo y en paz.

Yo uso una pequeña variación de esta brillante idea. Cada noche mis clientes enlistan al menos cinco cosas de las cuales se sienten agradecidos, hacia sí mismos – puede ser por lo que han hecho, o lo que sienten, y puede ser por cosas grandes o simplemente por cosas simples. Uno de mis clientes se agradeció incluso por cuidar de sus dientes. Las cosas más simples, que con frecuencia se dan por hecho, importan. Y este proceso lleva a la consciencia la apreciación de esos gestos bondadosos que pasan desapercibidos. Frases que recomiendo a mis clientes que usen incluyen:

Me agradezco a mí mismo por...

Me doy unas palmaditas en la espalda por...

Cuando estas acciones y pensamientos son escritos se vuelven tangibles. Después de 30 días, cuando el individuo hojea las páginas del libro, él o ella es capaz de ver 150 razones por las cuales son apreciativos de sí mismos, y ven 150 cosas que son dignas de gratitud hacia ellos mismos. Leer esto les es increíblemente enriquecedor. Lo más importante es que es real, y que está escrito y reconocido por el individuo mismo. En consecuencia les es más fácil aceptar lo que han dicho sobre sí mismos, lo cual los empodera aún más.

Jake era un hombre en sus 40s que estaba luchando contra una adicción sexual con trabajadoras sexuales. Había visto a dos consejeros por separado con motivo de esta dirección, sin obtener éxito. Cuando vino a terapia se había separado hacía un año de su esposa, y estaba lidiando con un doloroso rompimiento con una novia, lo cual él encontraba difícil de superar. Su objetivo de la terapia era encontrar por qué tenía esta adicción sexual y cuál era el significado de sus relaciones con su ex esposa y novia.

Después de la toma del historial, lo primero que se requería era explicar a Jake los mecanismos de la adicción para determinar la causa raíz de su adicción. Esta fue la primera vez que los mecanismos le habían sido explicados. Usando PNL se estableció que la razón por la cual tenía una obsesión con el sexo era porque ansiaba la intimidad, el sostener, acurrucar y cuidado que recibía después. Ahondando más se reveló que Jake no recibía el amor y cuidado que quería de su madre cuando era pequeño.

La privación del cuidado maternal era tan intensa que su

Integración y Avance

mente fragmentó su necesidad y la escondió como un mecanismo de defensa. Aunque no estaba consciente de su necesidad de cuidado amoroso, inconscientemente esto creó una urgencia para que él buscara algo más para llenar el hueco – en este caso la intimidad profunda que una experiencia sexual le podía dar. Determinamos por lo tanto que el objetivo para la sesión era trabajar en minimizar su adicción focalizándonos en esta causa raíz.

Cuando regresó, fue de vuelta a un tiempo cuando tenía cinco años y se cayó de un árbol en un drenaje abierto. Estaba lastimado y agitado, pero en vez de haber sido abrazado y reconfortado por su madre, que es lo que quería, lo regañaron. Luego volvió a un tiempo cuando tenía ocho años y estaba en casa de su primo celebrando el Año Nuevo Chino. Estaba emocionado porque su madre le había dado permiso de distribuir Ang Pows (paquetes rojos llenos con dinero – una tradición China) para su primo alrededor de la media noche. Cuando llegó el momento repartió alegremente los Ang Pows, pero luego su madre inesperadamente llegó y lo regañó frente a su primo. Eso lo alteró enormemente. Fue a través de experiencias como estas que se le negó el cariño de su madre.

Durante un intento de transformar las memorias algo interesante ocurrió. De pronto Jake se asustó y dijo, 'Él viene, le tengo miedo, él viene.' Luego su postura entera, expresión facial y tono de voz cambiaron. Su cuerpo se tensó y se hinchó, su tono se hizo brusco y su expresión se endureció. Después de un poco de aliento esta parte nueva fue identificada como Jake Enojado (JE), quien estaba ahí para proteger a Jake contra el daño y lo detenía para desarrollar relaciones sanas y amorosas con gente cercana a él. Era un caso clásico de auto-sabotaje con relaciones para protegerse a sí mismo.

Luego pregunté dónde estaba Jake Amoroso (JA) y si podía conversar con él. JA emergió en tonos pequeños, tímidos y susurrados. Tomó cierto aliento lograr que JE *permitiera* a JA crecer, pero finalmente accedió mientras él pudiera observar, y JA aceptó. Usando la regresión al niño interior y llevándolo a la raíz de su problema (cuando tenía cinco años), se le dieron globos de colores a JA para darle fortaleza – conteniendo cualidades como confianza, protección y seguridad – para que pudiera crecer. Conforme progresaba a través de varias edades se detenía en varios lugares, y se le tuvieron que dar más globos para fortalecerlo para que pudiera crecer completamente hasta que estaba totalmente integrado en su edad actual.

En medio de esto JE surgió y no le permitía a JA crecer. JE estaba convencido de que Jake estaba haciéndose más débil, y que JA no podía proteger a Jake. Así que JA y JE tuvieron una conversación, la cual JA pudo tener después de ser fortificado, y después de bastante resistencia, JE finalmente cedió y le permitió a JA colocarse por encima.

Finalmente se le permitió a JA crecer y llenar el cuerpo de Jake. Cuando el sentimiento de amor era más álgido, el estado fue anclado con aceites y afirmaciones. Después de la sesión se le dio el aceite a Jake, al igual que las afirmaciones, con instrucciones para usar ambos cada mañana por un mes. También se le asignó que escribiera su diario de gratitud cada día, para llevar su valor personal a su consciencia.

Seis meses después de la sesión de cuatro horas, no ha vuelto con ninguna trabajadora sexual. En sus palabras: 'En ocasiones siento la urgencia, pero cuando huelo el aceite y repito la afirmación me relajo y me siento más calmado. También, cuando han habido incidentes que normalmente me habrían enojado y me habrían llevado a solucionarlo de cierta forma, pauso, tratando de manejar mi tumultuosa emoción y me pregunto, '¿Qué quiere JA?' Y tomo la decisión que tomaría JA, lo cual ha sido por lo general mucho mejor para mí.'

La sesión no le dio perspectivas profundas sobre su relación con su ex novia y su ex esposa, dado que hubo muchas otras cosas que estaban ocurriendo en esas horas. De cualquier manera estas respuestas fueron obtenidas en una sesión de regresión de vida entre vidas subsecuente.

Avanzar es la clave para la transformación del cliente. Este estudio de caso claramente demuestra cómo la regresión, terapia de partes y la regresión al niño interior transformaron la mente inconsciente, y la determinación de metas, afirmaciones, aceites y diario de gratitud usaron a la mente consciente para que trabajara cohesivamente para que el cliente superara su adicción. Todavía siente cierta urgencia meses después de la sesión, pero la intensidad de sus ansias fueron menos y pudo conscientemente manejar su reacción hacia ellas. Así que no actuó en base a sus ansias, lo cual se añadió a su sentido de empoderamiento y de amor propio.

De nuevo, simplemente deseo enfatizar que esta no es en absoluto una lista exhaustiva. Hay muchas formas de trabajar con la mente consciente. Estas son sólo algunas técnicas que he estado usando que han probado ser efectivas. Descubrir nuevas técnicas para ayudar a los clientes es una de las alegrías del trabajo.

Un Enfoque Integrado de la Sanación

La sabiduría esotérica antigua se concentra bastante en un enfoque integrado y holístico en torno a la sanación. La medicina tradicional china y el Ayurveda, por ejemplo, observan el flujo energético completo del individuo. – el flujo de la mente, del cuerpo y del alma trabajando cohesivamente en conjunto – como una indicación de su salud y bienestar totales. La mente, el cuerpo y el espíritu están tan conectados que aunque una dificultad o padecimiento se pueda rastrear a un bloqueo energético en ya sea uno o todos los aspectos, el sistema entero se afectará.

Mi argumento es que es importante que la terapia complementaria también tome una visión holística del individuo. El flujo limpio y libre de la energía en el cuerpo, mente y alma asegura su buena salud y su bienestar. Se tiene que observar el hilo entero para determinar la causa raíz de cualquier padecimiento que posteriormente llevará a la transformación del cliente a una mejor salud y bienestar. Gerber, en su libro *Vibrational Medicine*, states:[3]

> La medicina que está dirigida hacia un entendimiento de la energía y la vibración, y cómo interactúan con la estructura molecular y el balance del organismo, es un campo que lentamente está evolucionando, conocido como medicina vibracional. Los artes de sanación han de ser actualizados, de un modelo actual de medicina que es aún Newtoniano en carácter, con nuevas perspectivas del mundo de la física y otras ciencias aliadas. El reconocimiento de nuestra relación con estos sistemas de energía de alta frecuencia llevará a la fusión entre la sabiduría esotérica y la evidencia científica moderna. La tendencia de la medicina holística finalmente llevará a los sanadores al reconocimiento de que para nosotros experimentar salud, hemos de disfrutar de una relación integrada entre mente y cuerpo.

En el primer estudio de caso Ginger tomó un enfoque integrado en torno a la sanación de su mente, cuerpo y alma. La combinación de homeopatía, Jin Shin Jyut Su, aceites esenciales y terapia de regresión llevó a resultados milagrosos que dejaron pasmados a los profesionales médicos en dos países.

Otra manera en la que podemos ayudar a guiar a nuestros clientes hacia un enfoque integrado es a través de señalización ideo-motora. Después de la regresión, el terapeuta puede revisar si el cliente necesita otra forma de terapia para ayudar con la dificultad, y también qué tipo de terapia es necesaria.

Una sola persona no tienen que conocer todas las modalidades diferentes para proporcionar un cuidado holístico para sus clientes. Puede ser un esfuerzo colaborativo. Cuando comencé a practicar en Singapur, tuve la bendición de estar rodeada y apoyada por un grupo de terapeutas increíblemente inteligentes, intuitivas, amorosas y talentosas a quienes llamo mis Hermanas Diosas. Cada miembro en el grupo era un increíble sanador por derecho propio. Cada una tenía la valentía y la confianza para recostarse sobre mi silla de terapia como conejillo de indias mientras yo estaba trabajando para obtener mi diploma. Al experimentar las terapias, prácticas y habilidades de las demás, nuestro propio conocimiento individual y habilidades crecieron para proporcionar el mejor cuidado por los clientes que vinieran a nosotros. E, igual de importante, teníamos a una comunidad para dar referencias cruzadas a clientes quienes se beneficiarían de as modalidades individuales. Esto aseguró que ellos tenían el enfoque más holístico para sus dificultades.

En mi experiencia, establecer o unirse a una comunidad de terapeutas es un elemento importante para ser un practicante. Aparte de ser un maravilloso grupo de apoyo personal, las referencias cruzadas de conocimiento, habilidades y clientes me ha ayudado a crecer como un terapeuta y proporcionar el mejor cuidado posible para mis clientes.

Resumen

Mi objetivo principal ha sido destacar la importancia de guiar a un cliente a avanzar. La limpieza y liberación de energías es tan sólo un paso hacia el proceso de sanación. La integración y el dar los pasos para avanzar es el otro paso crucial.

Para hacer esto el individuo ha de tener confianza y ha de creer que puede manifestar los cambios requeridos. En el Nuevo Mundo en el que ya estamos, las energías son tales que un individuo puede crear su realidad. Como terapeutas, además de identificar la causa raíz y ayudar al individuo a limpiar bloqueos, es igual de importante para nosotros el alentar a nuestros clientes para que ellos crean en su propio poder de sanación y desarrollen esta confianza personal dentro de sí mismos.

Cuando se trabaja con la mente, es importante saber que el consciente y el inconsciente se mueven al unísono, hacia el logro de una meta, así que la meta ha de ser claramente definida. Empoderar al cliente a activamente participar en su participación también los lleva a lograr esas metas con mayor intensidad. Esto se puede hacer a través de actividades de la mente consciente, incluyendo afirmaciones, anclajes de reactivación y teniendo gratitud. Esto redirige los canales neurológicos conscientes para estar alineados con el inconsciente, haciéndolo un mecanismo más poderoso y efectivo para hacer posible el cambio.

Igual de importante que la integración entre la mente consciente y la mente inconsciente es la integración de diferentes formas de modalidades para intensificar el viaje de sanación del individuo. La mente, cuerpo y espíritu trabajan como una unidad cohesiva para permitir el mejor flujo de energía para el individuo, y un enfoque integrado a la sanación es necesario para asegurar que ese flujo se encuentre libre, limpio y sano. Usar diferentes modalidades juntas puede producir milagros absolutos.

Integración y Avance

La esencia de este capítulo está capturada de forma apta en este poema del caricaturista y poeta visionario, Michael Leunig:

Luchamos, nos desgastamos, nos cansamos
Estamos exhaustos, estamos angustiados, nos desesperamos
Nos damos por vencidos, nos caemos, nos dejamos ir
Lloramos
Estamos vacíos, nos calmamos, estamos listos
Esperamos en silencio
Una ínfima y tímida verdad llega
Llega desde fuera y dentro
Llega y nace
Simple, constante, clara
Como un espejo, como una campana, como una flama
Como lluvia en verano
Una preciosa verdad llega y nace dentro de nosotros
Dentro de nuestro vacío
La aceptamos, la observamos, la absorbemos
Nos rendimos ante nuestra verdad desnuda
Somos nutridos, nos cambia
Somos bendecidos
Nos elevamos
Por esto damos gracias

SOBRE LA AUTORA

Reena Kumarasingham BA (psy), MBA, Dip RT

Reena es graduada en psicología, practicante de NLP, terapeuta de vida entre vidas y regresión con una práctica internacional. Es la directora de *Divine Aspect*, el cual tiene una visión de totalmente empoderar a la gente conforme viaja hacia apreciar y honrar su propio ser auténtico. Reena es también creadora de *Divine Essence*, el cual ofrece un rango de aceites transformativos para la intensificación emocional y energética. Es un miembro fundador de la *Society for Medical Advance and Research with Regression Therapy*. Para más información visita su sitio web: *www.divineaspect.com*, o envía un email a: *reena@divineaspect.com*.

Referencias

1. Jellinek, J.S., *Psychodynamic Odor Effects and their Mechanisms*, Cosmet, 1997.
2. Breathnach, S. B., *Simple Abundance,* Warner Books, 1995.
3. Gerber, R. *Vibrational Medicine,* Inner Traditions, 2001.

2

Trabajo con Energía Oscura

Andy Tomlinson

*Tu cometido no es buscar amor,
sino meramente buscar y encontrar todas las barreras
dentro de ti que has construido en su contra.*

Jelaluddin Rumi, Sufista del siglo XIII

Introducción

Cuando comencé a ofrecer terapia de regresión a clientes en 1995, rara vez aparecían adhesiones de espíritus y cuando lo hacían era normalmente sencillo quitarlas. Las técnicas para hacer esto fueron incluidas en mi libro, *Healing the Eternal Soul*. A través de los años he notado progresivamente que las adhesiones de espíritus se han convertido en un problema mayor y veo que la mayoría de los clientes necesitan ser liberados de ellos durante la terapia. Lo que parece estar ocurriendo es que la vibración de la Tierra está cambiando con rapidez y el velo entre nuestro mundo y otras dimensiones se está haciendo más delgado y más fácil de atravesar. Evidencia de esto viene de la NASA. El hoyo en el aura de la Tierra se está agrandando[1] y la tormenta solar más intensa en más de 50 años ocurrió en 2012.[2] Las actividades espirituales de los trabajadores de luz también están contribuyendo a esta elevación de vibraciones. Mientras mucha gente se está beneficiando de esto, también está amplificando la energía densa de los asuntos sin resolver en los espíritus no-encarnados. Esto les perturba y se ven atraídos a las vibraciones más altas de la gente, en ocasiones incluso pensando que es el camino a 'casa'. Son como polillas siendo atraídas a la luz de noche.

Desde el 2010 he estado cada vez más involucrado en el trabajo con aquello a lo que me refiero como 'energía oscura'. Esta es simplemente energía sin luz. Desde una perspectiva espiritual no tiene bien ni mal porque todo tiene energía de la Fuente en él y sirve un propósito en un panorama más amplio. Tampoco se ha de confundir la energía oscura con aquello a lo cual algunos se refieren como 'posesión demoniaca'. Este tema fue clarificado en la investigación que hice con Ian Lawton para su libro *The Wisdom of the Soul*. Está basado en la canalización de varios grupos de 'Sabios' – seres altamente experimentados que son espíritus de luz quienes ayudan a que se desarrolle el plan espiritual de la Tierra. Su consejo fue que las fuerzas demoniacas están sólo en la mente de las personas. Si esperan encontrarse con ellas, lo harán. La energía oscura, por otro lado, es un término colectivo que uso para cubrir adhesiones de espíritus que son difíciles de quitar, al igual que un rango de energías intrusivas o fragmentos que tienen un origen de energía muy fuerte.

Las técnicas usadas en este capítulo han sido canalizadas de los Sabios. Me pregunté, cuando comencé a hacer este trabajo, por qué los Sabios no simplemente hacen todo el trabajo por sí mismos. Pero parece que alcanzar la energía densa de la Tierra para quitar la energía oscura es difícil desde sus altos niveles de vibración. También en ocasiones pensé que me estaba volviendo loco. Fue sólo a través de revisiones independientes con terapeutas en cuya intuición podía confiar, y retroalimentación positiva de los clientes después de esta terapia, que continué. En una ocasión, cuando Ian Lawton estaba conduciendo una sesión de canalización para su nuevo libro *The Future of the Soul* se infiltró el mensaje de que mi trabajo limpiando la energía oscura era de vital importancia. No estaba presente en ese momento, pero me dio ánimos para continuar. Ahora he usado esta técnica con cientos de clientes, trabajando tanto en sesiones uno a uno como remotas.

Por supuesto ha sido tan exitosa, que su uso se ha extendido a la limpieza de la energía oscura desde áreas de tierra – en antiguos sitios religiosos particulares y centros de energía – en el Reino Unido, Perú, Singapur, India, Pacífico Sur, Hawái, México y Nueva Zelanda. Esta energía oscura ha tendido a acumularse a través de los milenios debido a las guerras, tortura masiva e incluso experimentación con energía en civilizaciones antiguas como la Atlántida o Lemuria. No obstante, este capítulo se enfoca en la limpieza de la energía oscura de los clientes.

¿Qué es la Energía Oscura?

La energía oscura puede ser encontrada como un espíritu no-encarnado, como energía emocional o simplemente energía. Con frecuencia tiene una alta carga de vórtices de energía, portales o de la Fuente. Algunas veces la energía puede venir de fuera del sistema planetario. La energía de alto nivel como esta necesita ser eliminada usando procedimientos especiales. Normalmente el terapeuta se comunicará con un espíritu no-encarnado que se ha adherido a un cliente para que acceda a ir a la luz. Con la energía oscura es poco probable que la comunicación sea posible, por lo cual ha de ser eliminada en contra de su voluntad. Esto requiere cierta clarificación. El libre albedrío de los humanos o adhesiones de espíritus normalmente se respeta en el mundo espiritual, porque es así como experimentamos y aprendemos como almas. Sin embargo, en este tiempo especial de cambio energético planetario, la energía oscura está simplemente interponiéndose. En ciertas situaciones las necesidades más altas de la humanidad se superponen a la necesidad individual. Todo lo que ha de hacer el terapeuta es asegurarse de que los Sabios den permiso y permitan que se resuelva este aspecto a niveles espirituales más altos.

Los efectos físicos de la energía oscura en un cliente pueden incluir un campo reducido, agotamiento repentino, la inhabilidad para pensar con claridad, irritabilidad y falta de motivación. La exposición prolongada puede llevar a problemas de salud serios. Si la energía llega suficientemente profundo en el campo energético del cliente, se puede convertir en una posesión de espiritual.

Estudio de Caso – La Violación de una Seguidora Espiritual

Janet era una mujer de 60 años que vivía en una comunidad espiritual en el sur de Inglaterra. La intensidad de su historia habla por sí misma:

> Fui violada en grupo en India. Antes de esto experimenté cinco episodios psicóticos maniaco-depresivos con diez periodos en el hospital, TEC, drogas anti-psicóticas y dos años en una comunidad terapéutica alternativa. Quizás la experiencia más traumática ocurrió cuando corrí fuera de mi casa en psicosis total, me estrellé contra la ventana de una tienda y terminé en la prisión de Holloway. Encontrándome en un estado psicótico, me pusieron en una celda solitaria en una camisa de fuerza. Las alucinaciones que tuve fueron frenéticas y aterradoras – salían escorpiones del suelo y enormes boas constrictor se enrollaban alrededor de la celda. Myra Hindley

se filtraba entre los muros en un horror negro, rezumante, y fue una noche de terror absoluto con la realidad total y creencia que es el estado psicótico. Cuando se levantaron los cargos, me enviaron a Francia, pero terminé en un manicomio en Lille, donde fui atada a la cama con retenedores de pecho, muñecas y tobillos, y se me dejó sudarlo todo para estar libre de drogas.

En 1975 fui a India y pasé seis años con un Maestro espiritual y este fue un tiempo de júbilo y sanación, a pesar de haber sido violada en grupo. En mis primeros años ahí solía ir al río al atardecer y me sentaba a meditar junto a una pequeña cuenca del río donde el sol hacía un juego de luces hermoso y mágico. Luego un día mientras caminaba hacia mi sitio, un grupo de grandes indios Sikh con turbantes bajaron al río en sus motocicletas. Me siguieron, me tomaron, me violaron ahí, en el pasto, uno tras otro – eran ocho o nueve. Me salí de mi cuerpo y me encontré mirando hacia abajo y perdonándolos. Luego me arrastraron al agua, adonde era poco profundo y uno de ellos me violó en el río. Sentí el agua subiendo por mi cara y me dejé ir hacia la muerte.

Fue una experiencia trascendental al sentir compasión por los hombres que me violaron, al perdonarlos y también al experimentar la paz profunda y felicidad que viene en un encuentro cercano a la muerte. Sin embargo, mi mente, cuerpo y emociones fueron heridas y el miedo se implantó en mí. El miedo a los hombres y una intolerancia a cualquier abuso en ellos, ya sea mental, físico, emocional o espiritual, hacia mí o cualquier otra persona.

Quería ver el contrato de mi alma y entenderlo mejor, particularmente en relación a la enfermedad mental que atravesé en esta vida. Era como si no pudiera realmente creer que era un ser de luz después de haber experimentado tanto trauma y negatividad. Sentí un velo que me ensombrecía y en ocasiones no podía sentir conexión con mi espíritu.

En la primera sesión, conforme hablé sobre estas memorias, estaba consciente de las energías se eliminaban de mí pero estaba tan absorta en mi propia historia que no sabía realmente qué estaba pasando. Sin embargo, sentí los efectos de esta sesión al día siguiente. Me sentí mucho más liviana y con más claridad, y cuando fui de vuelta a mi hotel *bed and breakfast*, la mujer ahí abrió la puerta y me miró con asombro. Me preguntó qué había pasado, ya que lucía mucho más joven y estaba irradiando una luz que no irradiaba cuando llegué. Hallé que mi meditación me abrió y me sentí reconectada con mi espíritu. También me he hecho menos juiciosa hacia los hombres abusivos. Ha sido ya más de un año desde que tuve las sesiones y aún me siento más liviana y con mayor claridad, como si el velo que me ensombrecía hubiese sido disuelto y el pasado se hubiese puesto en descanso, con entendimiento e integración.

Durante su vida de eventos traumáticos incluyendo psicosis, hospitalización y violación, Janet había acumulado energía oscura en la forma de numerosas adhesiones de espíritus., al igual que pensamientos en forma altamente cargados y emociones enredadas con muchas memorias sin resolver. Parte de esto puedo haber sido tratado a lo largo de muchas sesiones con regresión tradicional y limpieza de energía. No obstante, habría consumido mucho tiempo el revisitar y re-encuadrar tantas memorias traumáticas individuales usando el enfoque convencional.

Así que la primera sesión guiada por los Sabios involucraba hacer un vórtice de una parte de la energía oscura inmediatamente, luego desenredar la energía oscura restante de las memorias conscientes – la principal siendo la violación. Esto involucraba debilitar la energía oscura y hacer un vórtice para liberarla después de que cada memoria fue explorada. Se tomó poco tiempo obteniendo una nueva perspectiva espiritual porque Janet había ya perdonado a los hombres que la violaron. Interesantemente no se necesitó terapia corporal porque la energía guardada en las memorias corporales fue automáticamente limpiada conforme la energía oscura fue liberada.

Una segunda sesión con Janet usando regresión a la vida entre vidas le ayudó a entender los contratos espirituales en su vida actual. Descubrió que la psicosis fue pre-planeada para que su alma y la de su padre pudieran trabajar y sanar una lucha de poder que había existido entre ellos por muchas vidas. Su padre era también maniaco-depresivo y al sentir su dolor, ella llegó a amarlo. Con sus palabras, 'En nuestro des-empoderamiento mutuo, toda nuestra pelea se disolvió en amor incondicional'. La violación fue planeada como una manera dramática de despertar la espiritualidad de Janet mientras vivía en una comunidad que podía ayudarle a ver los eventos desde una perspectiva espiritual.

Revisión Intuitiva Independiente

Antes de ver las técnicas para limpiar la energía oscura hay una técnica universal que el terapeuta necesitará. Esta es una comunicación intuitiva de sí-no independiente al cliente. Si el terapeuta se siente confiado usando un péndulo, se puede usar, pero la auto-señalización ideo-motora es más rápida. Yo uso la auto-señalización ideo-motora y también la enseño a mis estudiantes de terapia de regresión. Esto es increíblemente útil para independientemente revisar las respuestas ideo-motoras del cliente durante la terapia convencional. Es importante, dado que la energía oscura puede bloquear o contaminar las respuestas ideo-motoras propias del cliente, que el terapeuta confíe en su propia señalización. Para aquellos que no estén familiarizados con la técnica, estos son los pasos:

1. Relaja la mente consciente. Aquellos haciendo meditación regularmente o auto-hipnosis hallarán esto más sencillo
2. Intenta que la mente superior levante un dedo en la mano derecha o izquierda para indicar 'sí'.
3. Deja que la mente consciente se desplace y espera a que se levante un dedo.
4. Intenta que la mente superior levante un dedo diferente en la misma mano para indicar 'no'.
5. Deja que la mente consciente se desplace y espera a que se levante un dedo.
6. Determina la intención de que estos mismos dedos serán usados para proporcionar respuestas de sí-no para toda la comunicación futura.

La parte más difícil puede ser simplemente dejarse ir. Si el dedo no se levanta es normalmente porque la mente consciente está activa y la parte analítica está superponiéndose a la respuesta intuitiva. En ocasiones una adhesión de un espíritu en el campo energético del terapeuta puede bloquear el movimiento del dedo.

Es importante ganar confianza en que la señalización es independiente de la mente consciente y que se puede confiar en su precisión. Esto viene sólo de revisiones con la realidad. Les pido a los estudiantes que trabajen en pares para confirmar respuestas, y para revisar con péndulos para aquellos que se sientan cómodos usándolos. Eso puede ser haciendo preguntas como, '¿Es suficiente mi protección de energía?', '¿Tengo alguna energía que no me pertenezca?' o '¿Tengo algún problema sin resolver de mi vida actual?' Mientras más se practique la técnica, más precisa se vuelve y es más fácil evitar la interferencia de la mente consciente.

Cuando la respuesta viene rápidamente después de la pregunta, o incluso antes de que sea terminada, es menos probable que haya habido interferencia consciente.

Limpieza de Energía Oscura de los Clientes

Ahora nos dirigiremos a los detalles del proceso de cinco pasos para limpiar la energía oscura de los clientes. Esto se hace silenciosamente con el cliente en un estado relajado con sus ojos cerrados y toma sólo algunos minutos.

Paso 1 — Permisos y Revisiones

La limpieza de la energía oscura requiere la asistencia de los Sabios, guías espirituales u otros espíritus de luz especialistas. En la narrativa siguiente, usaré la palabra 'Sabios' como un nombre colectivo para todos ellos. Todos tenemos un vínculo con los Sabios, al menos durante la etapa de planeación de nuestro tiempo entre vidas. Este vínculo puede fortalecerse por medio de la meditación, técnicas de energía y regresiones. Sin embargo, fragmentos de las adhesiones de espíritus o energía que fueron previamente eliminados pueden bloquear el vínculo e interferir con la verdad de la información desde áreas de vibración más alta de los reinos espirituales. Por esta razón es importante limpiar cualquier vínculo intuitivo que será usado antes de una sesión que involucre energía oscura.

Esto se puede hacer rápidamente y si un terapeuta está haciendo mucho de este tipo de trabajo, puedo hacerlo parte de su rutina de meditación:

- Visualiza el vínculo intuitivo con los Sabios y a través de tu intención envía energía blanca limpiadora en remolino por todo el camino que recorre el vínculo. Se puede usar energía de color limpiadora si intuitivamente se siente bien. El terapeuta puede revisar con sus dedos y su señalización que el vínculo esté limpio.

Antes de limpiar energía oscura de un cliente el terapeuta también necesitará establecer que tienen el permiso de los Sabios:

- Determina la intención de vincular a los Sabios y revisa con la señalización de tus dedos que se ha dado permiso para eliminar la energía oscura.

Normalmente la energía oscura derivará de la energía de la Fuente y necesita ser devuelta a allí. Ocasionalmente una parte o toda puede ser de altas vibraciones de la Fuente fuera del sistema planetario – Fuente Cósmica – y necesita ser devuelta allí. Una ideo-revisión puede establecer esto.

- Revisa con la señalización ideo-motora con dedos si la energía oscura necesita ser devuelta a la Fuente o Fuente Cósmica.

Todas las revisiones mencionadas arriba pueden llevarse acabo antes de que el cliente llegue. Pero durante la entrevista el cliente también necesitará dar permiso.

- Les digo que tienen energía acumulada en su campo energético que necesita ser eliminada, como polvo que se reúne sobre un abrigo. En ocasiones me refiero a ello como energía oscura y podré comentar y revisar si otros miembros de la familia lo tienen.

Paso 2 – Protección del Terapeuta y Otros

Un principio de toda la protección es que la energía sigue al pensamiento. La forma más simple de un escudo energético es determinar la intención de tener una protección de energía alrededor del aura. Ejemplos son visualizaciones de pararse debajo de una cascada de energía protectora, o ponerse una capa de energía blanca.

Sin embargo, cuando se trabaja con energía oscura, la protección de energía normal puede no ser suficiente. Es muy peligroso energéticamente para los terapeutas si piensan que pueden confiar en su protección normal – cualquiera que sea. A pesar de que la energía oscura puede ser eliminada del aura del terapeuta, incluso fragmentos que permanecen pueden causar una disminución seria de energía. Así que es preferible prevenir este problema.

Una manera de crear una barrera más fuerte es determinando la intención de traer energía directamente del universo a través del chakra de la coronilla del terapeuta y liberándola de su chakra del corazón para rodearse a sí mismo. Si ha limpiado la mayoría de sus asuntos inconclusos este flujo de energía es muy efectivo.

Claro, estar en un cuerpo humano con asuntos sin resolver puede causar que surjan emociones negativas. Esto puede hacer que el aura esté vulnerable, por lo que se puede usar una protección de energía más precisa. Esto involucra seleccionar diferentes energías de color teniendo diferentes propiedades vibracionales, de manera que la protección puede ser precisamente ajustada para diferentes partes del aura. Una revisión con la señalización ideo-motora con dedos establecerá si esto es necesario. Los pasos para crearla son:

1. En un trance ligero haz contacto con tu guía espiritual o ser superior. Determina la intención por la protección personal correcta al limpiar energía oscura.

2. Concéntrate en el núcleo interno de tu alma y pregunta qué color es necesario a su alrededor por protección. A través de la intuición o consejo del guía espiritual, una respuesta llegará. Intenta que esta energía de color se traiga para rodear el núcleo interior.

3. Pregunta qué otros colores se necesitan y repite el procedimiento para bajar más energías de color, una por una.

4. Arremolinar las energías de color todas juntas puede crear una protección adicional, así que pregunta si esto es necesario. Si es así, se pueden visualizar los colores siendo arremolinados juntos.

Esto completa la protección del núcleo interior. Las siguientes áreas de enfoque son los chakras. Las adhesiones de espíritus siempre van al punto más débil. Este es frecuentemente un chakra cerca de donde las memorias emocionales sin resolver se encuentran, por lo que es importante colocar protección adicional alrededor de ellos:

5. Pregunta si se necesita energía de color para el chakra de la coronilla. Si es así, tráela con la intención para rodear al chakra. Revisa si se necesitan otros colores son necesarios, y si es así, tráelos uno por uno. Si es necesario arremolínalos juntos para una protección adicional.

6. Repite para los otros seis chakras – tercer ojo, garganta, plexo solar, sacro y base.

Esto completa la protección de los chakras. La siguiente parte protege el aura.

7. Pregunta qué energía de color se necesita para el aura y tráela

para rodear el aura a través la intención. Revisa si se necesitan otros colores y si es así, tráelos uno por uno. Si es necesario arremolínalos juntos para una protección adicional.

8. Pregunta si se necesitan energías de color adicionales cuando se trabaje en áreas de energía densa, o con gente que drena la energía.
9. Revisa con dedos-ideo que la protección esté completa.

La protección en contra de la energía oscura es un área que los Sabios han estado refinando a lo largo de los últimos años. Una de sus adiciones ha sido el uso de aceites esenciales añadidos como pequeñas gotas en los puntos de los tres chakras más altos, o un aceite diluido rociado sobre el campo energético. Estos proporcionan un vapor que rápidamente llena el aura del terapeuta para prevenir que se adhieran fragmentos de energía. Lo mejor es usar aceites especialmente mezclados intuitivamente hechos bajo la guía de los Sabios.[3]

- Cuando un terapeuta esté trabajando con energía oscura, una revisión ideo-motora final es necesaria para asegurarse que se tiene suficiente protección energética.

El otro aspecto de protección es que se ha de crear un lugar seguro para proteger a otros en cuartos aledaños:

- A través de tu intención trae energía del universo para crear una barrera de energía alrededor del cuarto de terapia.

Finalmente, todos los vínculos personales con aquellos que no estén involucrados se deben romper para evitar que la energía oscura llegue a ellos:

- A través de la intención esto se puede hacer individualmente por cada una de esas personas con quienes el terapeuta tiene una relación personal cercana y *en masse* para todos los demás. Sellar los vínculos con energía roja proporciona protección adicional de fragmentos de energía. Después de hacer esto, es importante no pensar en estas personas hasta que la limpieza esté completa, de lo contrario se puede volver a crear un vínculo.

El otro principio de la protección es superar el miedo personal. Se necesita enfatizar que llamar a cientos de arcángeles y figuras religiosas es innecesario y puede ser contraproducente, porque está basado en un miedo subyacente que puede convertirse en un gancho para adhesiones de espíritus. Como se mencionó anteriormente, las adhesiones de espíritus y todos los aspectos de energía oscura son meramente energía de la Fuente con una ausencia de luz, así que, en tanto se tenga cuidado, no hay necesidad de preocuparse al hacer este trabajo. Es un poco como levantar un sartén caliente de una estufa.

Paso 3 – Creación de Portales y Canales de Flujo de Energía

Esto requiere de un trabajo directo con las altas vibraciones de energía de la Fuente. Revisa si tienes este vínculo usando un péndulo o tus dedos de auto-señalización ideo-motora, y si no es así, solicítalo a los Sabios. Si tienes problemas personales sin resolver esto no podrá ser posible hasta que todos se hayan limpiado.

Yo uso la palabra *Portal* como nombre para el canal de energía creado *desde* el cliente *hasta* la Fuente para llevarse la energía oscura. Cuando el terapeuta está en el aura del cliente, el Portal puede ser simplemente creado desde el terapeuta hasta la Fuente. Arremolinar energía a través de él ayudará a abrir el Portal y a limpiarlo para dejarlo listo para su uso:

Quiero crear un Portal de mí a la Fuente, y limpiarlo con luz blanca.

Uso las palabras *Vínculos de Energía* como nombre para el canal para traer la nueva energía *desde* una fuente de energía *vía* el terapeuta *al* cliente. Al usar los chakras el terapeuta actúa como un transformador para ajustar los altos niveles de energía intuitivamente al nivel necesario para limpiar la energía oscura.

El primer Vínculo de Energía es *desde* la Fuente. Este va a la coronilla del terapeuta y luego *de* su chakra del corazón al chakra del corazón del cliente.

Quiero crear un vínculo de energía *desde* la Fuente a mi chakra de la coronilla y *desde* mi chakra del corazón *al* ... (cliente) con la intención de limpiar energía oscura.

Alta energía natural de la Tierra ocurre cuando líneas de energía se juntan con los remolinos de energía. Esto se conoce como un *vórtice*.[4] Algunos ejemplos son Sedona en los Estados Unidos y Machu Pichu en Perú. Si el terapeuta ha visitado y experimentado personalmente un vórtice u otro centro energético de la Tierra, proporciona un ancla cuando se crea un Vínculo de Energía. De manera alternativa se le puede solicitar a los Sabios que conecten a una fuente de energía de la Tierra. Este energía se trae al chakra base del terapeuta y luego sale de su chakra del corazón al cliente.

Quiero crear un vínculo de energía *desde* ... (vórtice) a mi chakra base y *desde* mi chakra del corazón *a* ... (el cliente) con la intención de limpiar energía oscura.

Paso 4 – Limpieza de la Energía Oscura

El nivel de energía usado en la limpieza es importante. Se necesita suficiente para debilitar la energía oscura, de manera que se pueda eliminar, pero si se usa demasiado, se puede abrumar al cuerpo físico del cliente o fragmentar la energía oscura. Dado que la intención se deja clara para limpiar la energía oscura usando el Vínculo de Energía, esto se hará intuitivamente:

Aumenta el nivel de energía en los Vínculos de Energía para eliminar la energía oscura.

Conforme la energía oscura comienza a irse, el terapeuta puede ayudar con la intención usando sus manos *como si* la barriera hacia el Portal. Arremolinar la energía oscura conforme viaja en el Portal de vuelta a la Fuente asistirá en la limpieza, de lo contrario alguna proporción puede atorarse, fragmentarse y quedarse atada a la Tierra:

Arremolínalo todo el camino hasta la Fuente.

Si el terapeuta hace círculos con la cabeza esto ayudará en la intención. Conforme la energía oscura se va al portal y a la Fuente el terapeuta podrá intuitivamente verla o sentirla.

En ocasiones energía extra será necesaria. Esto se sentirá intuitivamente. Posiblemente un nivel más alto de vibración se requiera, así que una Fuente Cósmica puede ser usada.

Quiero crear otro vínculo de energía *desde* la Fuente Cósmica hasta mi chakra de la coronilla y *desde* mi chakra del corazón *a* ... (el cliente) con la intención de limpiar energía oscura.

En ocasiones se necesitará energía de la Tierra adicional. Esto se sentirá intuitivamente.

Quiero crear otro vínculo de energía *desde* ... (vórtice) hasta mi chakra base y *desde* mi corazón *a* ... (el cliente) con la intención de limpiar energía oscura.

Usa revisiones con un dedo de auto-señalización ideo-motora para confirmar que toda la energía oscura se ha eliminado.

Paso 5 – Sanación Final, Revisiones y Cierre

- Canaliza la energía universal de manera normal al aura del cliente de la manera usual después de la liberación de espíritus usando sanación espiritual o Reiki.
- El Portal y Vínculo de Energía pueden ser cerrados con la intención.
- Limpia el vínculo intuitivo a los Sabios.
- Revisa con señalización ideo-motora que el terapeuta no tenga energía oscura, al igual que las personas a quienes este conoce. Si hay cualquier contaminación del terapeuta, su eliminación se describe posteriormente en el capítulo.
- Los vínculos de energía entre el terapeuta y todas las personas que conoce que previamente fueron cortados pueden ahora ser reconectados, y la protección de energía alrededor del cuarto puede ser retirada con la intención.

Estudio de Caso – Adhesión del Espíritu Persistente

Rebecca tuvo una infancia difícil. Su madre era alcohólica y frecuentemente la golpeaba. En una ocasión puso un cuchillo de carnicero contra el cuello de Rebecca y la amenazó con matarla. El patrón se repitió con una pareja que también era alcohólico y usaba drogas. Durante la terapia de regresión inicial varias adhesiones de espíritus fueron retiradas, pero uno parecía no irse. Fue cuando entonces Rebecca se remitió a mí. Esta es su historia:

De no haber sido por psíquicos y sanadores, no habría sabido sobre Abe. Con el tiempo, toda la información de la gente que ha tratado de ayudar se ha vuelto en una clase de lista de realizaciones y reiteraciones, reforzando la posible validez de sus hallazgos. Hubo diez personas que habían tratado de ayudarme con Abe. Estas personas usaron varios métodos para cortar el cordón, tal como visualizaciones, guías, canalización de seres sabios, sanación a través del sonido, prácticas Chamánicas, cristales, bloqueos, y trabajando conmigo en un estado similar al trance. Durante una sesión con una terapeuta que es sensorial, se notó que Abe me dejó por un momento para 'revisarla'. Conforme él se movía alrededor de ella, ella sintió su energía y luego tocó su pierna. Percibí un tono de disgusto y violación conforme ella describía lo que le había pasado.

Comencé apenas a tomar la situación en serio después del quinto sanador psíquico que notó a Abe. Venía regresando de Burma y me sentía terrible, con síntomas del tipo de la malaria, pero los doctores no pudieron diagnosticar el problema. Fui a ver a una sanadora. Al igual que con los sanadores previos, las palabras que me dijo fueron, si no las mismas, muy similares y entonces pensé que debía haber algo de verdad en esto. La sanadora me dijo que fue incapaz de retirar a Abe porque él era más fuerte que ella y que el conocimiento que lo trajo aquí era antiguo y traspasaba nuestros tiempos. Así que ella me dirigió a su maestro. Fui con su maestro, quien intentó retirar a Abe, pero Abe volvió.

Una vez estaba descansando en mi cama cuando de pronto

Trabajo con Energía Oscura

me encontraba oprimida hacia la cama. Algo estaba tratando de estrangularme y sentí un peso sentado a horcajadas sobre mí. Mis ojos estaban cerrados y no los podía abrir, pero estaba despierta. Estaba luchando por levantarme. Pude oír a mi madrastra cantando arriba. Luego se detuvo repentinamente. Por un momento después, me quedé recostada en mi cama viendo al techo en estado de shock. Cada vez que iba a meditar, sentía que me estaban ahogando y no podía progresar con ello. Mientras más profundo iba en mi meditación, tratando de ignorar el efecto de ahogo que estaba sucediendo en segundo plano, más difícil me era recuperarme. En ocasiones tenía que abortar las sesiones jadeando, sin aliento.

Aquellos psíquicos que vieron o percibieron a Abe, describieron a un varón oscuro y dominando en mi campo energético. Tenía unos ojos poderosos y penetrantes. El momento en el que lo vieron, sus expresiones faciales se veían perturbadas, como si hubiesen visto su perdición.

Cuando Andy comenzó a hacer su trabajo, hice un esfuerzo para relajarme hacia un estado meditativo. Cuando en este estado me di cuenta que podía yo 'sentir' a la entidad, creímos que era Abe moviéndose en mi cuerpo, y su resistencia a irse. Sentí áreas aleatorias de mi cuerpo siendo desesperadamente agarradas, como si él estuviera tratando de aferrarse, para asirse de la parte que pudiera. Cuando estaba ayudando a retirarlo, el sentimiento fue aún más fuerte. Conforme Abe se fue, sentí 'restos' de él aún adheridas a varias partes de mi espalda, los cuales ayudé a retirar empujando esta energía hacia fuera.

Después de la sesión, una parte de mí se sintió feliz de que Abe se había ido y una parte de mí tenía miedo de que volviera. Desde entonces he notado cambios sutiles en mi energía y patrones de pensamiento. Me di cuenta de cuánta influencia Abe había tenido. Andy estaba en lo correcto sobre cómo una vez 'limpia' identificaría los cambios energéticos bastante rápido. Poco después de nuestra sesión, durante una meditación en silencio, sentí a otra entidad entrar en mi campo energético. El cambio que prosiguió en mi energía fue más aparente. En una sesión posterior con una terapeuta de regresión se retiró esta entidad. He tenido un par de citas con ella ahora trabajando con la vida actual y problemas de la infancia, bloqueos de meditación e intentando diferentes visualizaciones de protección. Uno de los grandes cambios que he notado es en mi energía sexual. Abe tenía un enorme deseo sexual, pero desde que se fue puedo decir que me encuentro más en paz y en control de la energía promiscua que me preocupaba y maldecía.

La naturaleza exacta u origen de esta 'energía Abe' es menos importante que el profundo efecto que tenía sobre Rebecca. Las revisiones ideo-motoras confirmaban que podía ser tratado como energía oscura, así que se retiró usando las técnicas ya comentadas. Un aspecto usual de la limpieza fue que durante ella Rebecca experimentó espasmos musculares y sensaciones corporales que lentamente redujeron después. Las revisiones ideo-motoras confirmaron que los fragmentos de energía oscura permanecieron en su campo de energía, por lo que el proceso se repitió hasta que todos fueron eliminados. Estos pueden haber estado relacionados con Abe o pueden haber venido de su pasado traumático. Se necesitaba terapia de regresión continua para que ella lidiara con todos sus otros problemas.

Limpieza de la Energía Oscura del Terapeuta

Claro, el punto de usar protección y cuidadosamente seguir los pasos recomendados es evitar que cualquier energía oscura contamine el campo energético del terapeuta. Sin embargo, se pueden hacer errores, y si algo de esta energía oscura se ha adherido, esta ha de retirarse tan pronto como posible. Normalmente serán solamente fragmentos, así que el proceso simplificado se lleva mejor a cabo después de que el cliente ha dejado la habitación:

Paso 1 – Permisos y Revisiones

- Limpia los vínculos intuitivos a los Sabios.
- Confirma que la energía oscura o los fragmentos de energía están en tu campo energético.

Paso 2 – Protege a los Otros

- Corta y sella los vínculos energéticos a toda la gente que conozcas y pon una barrera de energía alrededor del cuarto.

Paso 3 – Canales de Flujo de Energía

- El Portal y los Vínculos de energía son creados como se comentó previamente con la intención de limpiar la energía oscura de ti mismo.

Paso 4 – Limpieza de la Energía Oscura

- Conforme la energía oscura se está retirando, podrás sentir intuitivamente la necesidad de mover tus manos sobre tu aura energético conforme la energía oscura es llevada al Portal.

Esto ayudará a enfocar tu intención. Continúa incrementando el flujo de energía hasta que la energía oscura se haya eliminado.

Paso 5 – Sanación Final y Revisión

- Las revisiones finales pueden establecer que toda la energía oscura ha sido retirada. Los canales para el flujo de energía pueden cerrarse, y los vínculos energéticos se pueden restablecer con todas las personas que conoces.

Limpieza Remota de Energía Oscura

También se puede remotamente retirar la energía oscura de los clientes, incluso si el cliente está del otro lado del mundo. No obstante, el terapeuta necesita tener un cuidado adicional para asegurarse que los fragmentos de energía oscura no contaminen su campo energético. El uso de aceites protectores de energía es aún más importante.

Los pasos son similares a aquellos previamente comentados, sólo con algunas diferencias:

- Si es posible, se deben acordar un día y hora cuando el cliente esté solo y listo para realizar el trabajo. Esto también permite al cliente estar consciente del cambio en su aura si la energía oscura es retirada.

- El Portal necesita ser creado desde el cliente remoto *al* terapeuta y luego *a* la Fuente. Los Vínculos Energéticos son como antes.

- Cuando se retire la energía oscura, el terapeuta puede aún usar sus manos intuitivamente para extraer la energía del cliente. Aunque el cliente esté en una locación remota, esto reforzará la intención del terapeuta.

- Después se puede usar un mensaje de texto, una llamada o un email para confirmar que el trabajo se ha realizado y obtener retroalimentación del cliente.

Limpieza Rápida de Adhesiones de Espíritus

La técnica también puede ser usada para limpiar regularmente adhesiones de espíritus que podrían ser retirados con otras técnicas – solamente acelera la limpieza. Después de que se haya establecido que el cliente tiene una adhesión de un espíritu y que tú tienes permiso de retirarla sin hablare, el Portal y Vínculos Energéticos pueden ser creados para limpiarlo. Muchas de las revisiones y protección de energía no son necesarios.

Limpieza de Bloqueos en la Energía del Cliente

Los bloqueos emocionales de energía del cliente pueden limpiarse también. La intención necesita determinarse para limpiar el bloqueo. Sólo son necesarios el Portal y el Vínculo Energético. El pelar las capas de energía y llevarlas al Portal para ser arremolinadas en un vórtice a la Fuente limpiará el bloqueo. Cuando el terapeuta use sus manos en un movimiento de golpeteo y cucharee la energía hacia el portal, esto asiste en determinar la intención. La causa del bloqueo del cliente necesitará todavía ser resuelta con terapia de regresión.

Resumen

La energía oscura es energía altamente cargada que viene de varios orígenes tanto dentro como fuera de nuestro sistema planetario. Dado que limpiarla de un cliente requiere una consciencia particular sobre la energía, una técnica especializada ha sido establecida con la ayuda de los Sabios. Requiere que el terapeuta establezca un vínculo intuitivo a ellos, el cual ha de ser limpiado antes y después de hacer este trabajo. La precisión de esta comunicación es vital para que el terapeuta sepa que toda la energía oscura y los fragmentos han sido retirados. La creación de aislamiento energético asegura la protección de los amigos y colegas del terapeuta. El terapeuta también requerirá protección adicional de energía, incluyendo el uso de aceites esenciales mezclados.

Esta técnica de limpieza sigue el principio de que la energía sigue al pensamiento. Mientras que la energía oscura es normalmente arremolinada hacia la Fuente, se necesita una revisión para asegurarse de que este es su destino correcto. El nivel de energía requerido para eliminar la energía oscura necesita ser ajustado intuitivamente. Se necesitan los Vínculos Energéticos de la Fuente y de un vórtice natural de la Tierra. Se necesitan hacer revisiones después de completar el trabajo para constatar que toda la energía oscura ha sido limpiada y no han quedado fragmentos en el terapeuta.

La limpieza remota tiene similitudes al el trabajo con un cliente en proximidad, pero el Portal y los Vínculos Energéticos han de ser extendidos desde el terapeuta hasta el cliente remoto. Se requiere un cuidado adicional cuando se haga esto para asegurarse de que cualquier fragmento de energía oscura que quede en el terapeuta sea retirado inmediatamente.

Lista de Verificación Final – Limpieza de Energía Oscura de los Clientes

Paso 1 – Permisos y Revisiones

- Limpia los vínculos intuitivos con los Sabios.
- Obtén permiso de los Sabios y ayuda a limpiar la energía oscura.
- Revisa si el destino de la energía oscura es a la Fuente.
- Obtén permiso del cliente.

Paso 2 – Protección del Terapeuta y Otros

- Revisar la protección de energía personal – usa aceites de protección.
- Crea una barrera de energía en el cuarto para proteger a otros.
- Todos los vínculos personales a aquellos no involucrados necesitan romperse para prevenir que la energía oscura llegue a ellos. Esto puede ser individualmente para aquellos con una relación personal cercana y en masse para otros. Sellar los vínculos proporciona protección de los fragmentos de energía.
- Después de hacer esto es importante no pensar en las personas hasta después de las personas o de lo contrario se puede recrear un vínculo.

Paso 3 – Creación los Canales de Energía

- Crea un Portal de energía *desde* el terapeuta *a* la Fuente y

arremolina energía a través de él.
- Crea un Vínculo Energético *desde* la Fuente hasta el chakra de la coronilla y luego *desde* el chakra del corazón al cliente con la intención de limpiar la energía oscura.
- Crea un Vínculo de Energía *desde* un vórtice de la Tierra al chakra base y luego *desde* el chakra del corazón al cliente con la intención de limpiar la energía oscura.

Paso 4 – Limpieza de la Energía Oscura

- Incrementa el nivel de esta energía gradualmente hasta que la energía oscura comience a entrar en el Portal.
- Si es necesario, crea un Vínculo Energético a una Fuente Cósmica vía los chakra de la coronilla y del corazón y añade otro Vínculo Energético a la Tierra vía los chakras de la coronilla y del corazón.
- El terapeuta puede levantar la energía oscura con sus manos del cliente al Portal y con la intención arremolinar la energía para llevarla a la Fuente. Esto se puede intuitivamente ver o sentir. Arremolinar la energía oscura en el Portal asistirá en la transición, de lo contrario se puede atascar y fragmentar un poco de energía oscura. Estos fragmentos pueden volver después y permanecer atados a la Tierra.
- Revisa que toda la energía oscura haya sido retirada del cliente.

Paso 5 – Sanación Final y Revisiones

- Canaliza energía sanadora para sellar el aura del cliente.
- El Portal y los Vínculos Energéticos pueden ser cerrados con

intención.
- Revisa que estás libre de energía oscura, al igual que los colegas.
- Los vínculos energéticos entre tú y los colegas previamente cortados pueden ser ahora reconectados.

Sobre el Autor

Andy Tomlinson BSc (psy), Dip RT, Dip HYP

Andy es graduado en psicología, un psicoterapeuta registrado y ha sido terapeuta de regresión desde 1995. Es un miembro fundador de la *Earth Association of Regression Therapy*, la *Spiritual Regression Therapy Association* y la *Society for Medical Advance and Research with Regression Therapy*. Es el autor de *Healing the Eternal Soul* y *Exploring the Eternal Soul*. Adicionalmente es el entrenador principal para la *Past Life Regression Academy* que ofrece entrenamiento internacionalmente. Para mayor información visita el sitio web: *www.regressionacademy.com*.

Referencias

1. Science News, *NASA's AURA Satellite Peers Into Earth's Ozone Hole* (2005), ver sitio: www.sciencedaily.com/releases/2005/12/051207105911.htm.
2. Science News, *NASA Solar Storm Warning* (2006), see website: http://science.nasa.gov/science-news/science-at-nasa/2006/10mar_stormwarning.
3. Power of Light, *Divine Aspect,* disponible en el sitio: www.divineaspect.com.
4. Of Spirit and Soul, *Earth Vortices, Ley Lines and Tectonic Plates*, 2004, sitio: http://www.ofspiritandsoul.com/earth%20vortices/vortice.html.

3

Sanación Espiritual del Niño Interior

Hazel Newton

La búsqueda espiritual comienza, para la mayoría de las personas, como una búsqueda de significado.

Marilyn Ferguson

Introducción

Recordar memorias dolorosas de la infancia y atestiguar eventos del pasado con nuestra perspectiva adulta puede ser sumamente transformativo. Podemos usar la sabiduría que el tiempo, las experiencias de la vida y el conocimiento nos han dado y crear una oportunidad para un entendimiento profundo, liberación y sanación. Con la ayuda de un terapeuta experimentado, eventos que parecían tan dolorosos como un niño pueden ser revisados, las lecciones de la vida pueden ser entendidas, las verdades internas pueden ser expresadas y la energía puede ser transformada.

Tengo un profundo entendimiento de varios tratamientos de sanación médicos y holísticos y sus resultados. Formalmente una enfermera general registrada, luego una especialista clínica con una empresa farmacéutica, soy ahora una hipnoterapeuta clínica, terapeuta de regresión y practicante de la regresión a la vida entre vidas.

Habiendo estudiado y practicado la sanación del niño interior por muchos años con un entusiasmo creciente, recientemente me he vuelto muy pasional en torno a la integración de un nuevo enfoque espiritual que ayuda a los clientes a desplazar su perspectiva sobre eventos de su infancia de una manera inmensamente profunda. Por primera vez entienden su verdadera naturaleza espiritual y el camino de su alma conforme viaja a través de innumerables vidas en búsqueda de experiencia para entenderse a sí misma.

Además de proporcionar detalles de técnicas de sanación más tradicionales y bien establecidas, este capítulo te introducirá a nuevas técnicas espirituales. A pesar de que las causas que originan nuestros pensamientos perturbadores, emociones negativas, enfermedad y desarmonía pueden ser frecuentemente rastreadas a algún momento ya sea en la infancia o en una vida pasada, en ocasiones sólo puede ser completamente transformada a través de investigación más profunda sobre el intrincado y deliberado plan de vida del alma. Este aspecto más espiritual del trabajo con el niño interior ha evolucionado desde mi experiencia personal al trabajar con clientes de vida entre vidas, y de la obtención de la sabiduría de un trabajo extensivo de pioneros, principalmente Michael Newton (no tengo relación con él). Proporciona una nueva herramienta para terapeutas para usar en conjunto con la sanación tradicional del niño interior, o como una técnica en sí misma.

La sanación espiritual del niño interior asegura un entendimiento más profundo de situaciones anteriores examinando una perspectiva del alma que crea una sanación profunda y transformacional. He estado usando esta técnica tanto con clientes como con estudiantes de la *Past Life Regression*

Academy, y he estado monitoreando todos los muchos resultados positivos y transformadores.

Principios Fundamentales

¿Qué significa realmente el término niño interior? Durante la infancia podemos experimentar trauma – un aspecto de la vida que es profundamente doloroso y en ocasiones bastante insoportable. En tales momentos la psique tiene varias maneras de proteger y ayudar al niño a sobrevivir. La consciencia puede temporalmente dejar su cuerpo mientras está soportando incomodidad o abuso viajando a otras realidades – un parque en donde jugar, o un cuarto lleno de muñecas y ositos. Puede incluso quedarse en las inmediaciones y observar el evento doloroso de una manera muy disociada y desapegada desde una perspectiva fuera del cuerpo, mirando hacia abajo a la situación:

> Linda regresó a un tiempo cuando su padre estaba abusando sexualmente de ella a la edad de siete años. Ella dejó su cuerpo y se fue a sentar a las escaleras afuera de la habitación cada vez que sucedía. Incluso creció y se auto-nombró 'Lynne', ya que no podía o no quería asociarse con su parte más joven que había, en su mente, permitido que sucediera el abuso. Así que en esencia Linda se convirtió en el niño interior atascado de Lynne.

La psique está meramente protegiéndose a sí misma conforme se despega de la parte de sí misma experimentando el trauma. En el caso de un evento de la infancia, es probable que la víctima infantil se quede congelada en el tiempo, mientras el resto de la personalidad continúa creciendo. En ocasiones estas memorias están enterradas debajo del nivel de la consciencia. No obstante, son capaces de inconscientemente influenciar a la persona que está creciendo, con frecuencia de maneras poderosas y significativas, a lo largo del resto de su vida. Esto se puede manifestar de muchas maneras:

Las creencias de la pequeña Linda se manifestaban en una profunda desconfianza hacia los hombres; una poderosa creencia no sólo de que los hombres abusarían de ella de alguna manera, sino que también que el abuso era la única forma en la que ella podía experimentar el amor. Esta creencia se hizo parte de Lynne conforme creció. Ya que nuestras vidas son reflejos de nuestras creencias interiores, esto se manifestó en su vida. Fue abusada repetidamente por muchos hombres durante su niñez y a lo largo de su vida de joven, e incluso se casó con un hombre que abusaba sexualmente de ella todos los días durante su matrimonio de 25 años. Habrá más de la historia de Lynne posteriormente en el capítulo.

El principio fundamental de la terapia del niño interior es regresar al origen del trauma para permitir al cliente reunificarse con el aspecto congelado de sí mismo. Los eventos pueden entonces ser re-encuadrados con una nueva perspectiva que transforma viejas creencias y sus comportamientos resultantes.

John Bradshaw es una de las figuras líder en el campo de la psicología y recuperación, y un importante pionero en la sanación del niño interior. Bradshaw ha ayudado a miles de personas a descubrir la verdad sobre los secretos y traumas de su infancia. Ha desarrollado excelentes técnicas para la sanación y reintegración del niño perdido con su yo adulto. Su libro *Homecoming* tiene una riqueza de información práctica y técnicas transformativas, y yo lo recomiendo encarecidamente junto con sus libros posteriores.[1]

En mi práctica también he incorporado ideas desarrolladas por Brandon Bays en su libro *The Journey*.[2] Ella ha desarrollado técnicas excepcionales para regresar al origen del trauma para liberar y transformar la situación. Ha enseñado y sanado a miles de personas a través de sus amplios libros y seminarios.

Más recientemente he integrado el trabajo de Debbie Ford, quien se enfoca en los principios de la vergüenza humana y las sub-personalidades. Estas son máscaras que subsecuentemente creamos para ocultar nuestra 'sombra' vergonzosa de otros, y frecuentemente de nosotros mismos. Su libro *The Dark Side of the Light Chasers* resulta esclarecedor y altamente informativo.[3] También lo es *Why Good People do Bad Things*.[4] Estas ideas pueden ser exploradas con mayor profundidad en el libro de Caroline Myss *Sacred Contracts*.[5]

Arquetipos del Niño Interior

Abajo hay algunos patrones de comportamiento arquetípicos que se manifiestan en las vidas actuales de las personas basado en su niño interior congelado:

- **El Complaciente:** Yo reprimo mis sentimientos para que todos se sientan bien. Si complazco a la gente les agradaré, y si todos se sienten bien no me rechazarán. Posteriormente en la vida no me valoro a mí mismo. Haría lo que fuera por una vida relajada y frecuentemente me siento culpable. Solamente me puedo relajar cuando todos tienen todo lo que quieren.

- **El Triunfador**: Me esfuerzo más y más duro para demostrar a mis padres que soy suficientemente bueno para ser amado. Posteriormente en la vida soy un *workaholic* y me encuentro sobre-estresado. El éxito es cuestión de vida o muerte. Si no soy perfecto, he fracasado y no seré amado.

- **El Rebelde:** Mis padres eran controladores. La única forma en la que obtengo atención es haciendo algo atrevido y armando un escándalo. Esto significaba problemas pero al menos me daban atención. Posteriormente en la vida me gusta escandalizar y con frecuencia me enojo. Usualmente esto es porque la gente no hace lo que quiero que hagan.

- **La Víctima**: Obtengo atención cuando lloro y le digo a Mamá que alguien me ha lastimado o que no me siento bien. Si lloro suficiente, obtendré un poco de amor. Posteriormente en la vida todo es culpa de todos los que me rodean. No puedo responsabilizarme de mi vida porque si lo hago, nadie cuidará de mí. Cuando las cosas van mal en mi vida siempre es culpa de alguien más.

- **El Racionalizador**: Vivo en mi cabeza porque es el lugar más seguro donde estar. Las emociones con mi familia fueron abrumadoras, por lo que es más seguro desconectarme de mis emociones. Mi familia no reconoce los sentimientos, se me dijo que nunca llorara o me enojara, por lo que no sé cómo lidiar con mis sentimientos. Posteriormente en la vida no puedo recordar la última vez que me sentí enojado o triste.

- **El Salvador**: Complacer a mis padres les hizo amarme. Los otros niños solían llamarme el 'bonachón' y la 'mascota del maestro'. Posteriormente en la vida me gustan las víctimas porque me puedo ocupar de sus problemas. Rescato a las personas para asegurarme de que sean dependientes de mí porque de esa forma me siento en control y que necesitan de mí.

Sanación Tradicional del Niño Interior

Al usar la regresión hipnótica un cliente puede viajar en el tiempo de vuelta a eventos frecuentemente desconocidos para la mente consciente. Estos eventos de la infancia son aquellos responsables por el comportamiento inútil, disfuncional y las creencias que pueden estar causando estragos en la vida adulta.

Encontrar y trabajar con el niño interno durante una regresión a la vida actual crea una oportunidad para transformar, sanar e integrar la parte del cliente que ha quedado congelada o 'atascada' después de un trauma en su infancia o incluso durante el nacimiento. Como se afirmó antes, este niño interior atascado frecuentemente controla influencias y creencias, pensamientos, comportamiento y emociones del adulto. Guiar al cliente de vuelta al origen del problema permite una liberación significativa y un nuevo entendimiento de la situación original. Reunir al niño interior con su yo adulto se hace posible dando al cliente la oportunidad de re-explorar el evento con una nueva percepción.

Una vez que los eventos de la infancia que están causando y presentando problemas han sido apropiadamente descubiertos, y los pensamientos del niño interior sobre ellos han sido entendidos, diálogos intuitivos pueden tener lugar con todos aquellos involucrados. Se lleva al yo adulto de vuelta para encontrarse con yo niño de manera que pueda conectar con él amorosamente y darle nuevas fuerzas y cualidades que lo empoderen. Los dos son luego instruidos para energéticamente encontrarse con el perpetrador, quien es muy frecuentemente el padre o la madre. El niño interior es capaz de hablar su verdad de forma segura en torno al evento traumático, y por primera vez ser escuchado por el perpetrador asegurando que ahora entiende por completo el impacto devastador que el evento o eventos han tenido en el resto de su vida. Luego el niño interior observa y siente el cambio que ocurre dentro del perpetrador, quien parece inmediatamente obtener una nueva revelación y perspectiva sobre la situación y el impacto en el niño. Este nuevo cambio dentro del perpetrador ayuda al niño interno inmensamente.

De manera alternativa, se le puede dar al niño interior una apreciación de lo que originalmente influenció al perpetrador a actuar de la manera en que lo hizo – probablemente resultando de eventos dolorosos similares en su propia infancia. Este nuevo entendimiento en todas las partes es excepcionalmente poderoso, y frecuentemente resulta en abrazos, lágrimas, y expresiones de entendimiento y amor. Con este conocimiento el niño interno es animado a finalmente dejar ir el evento y por fin perdonar, lo cual es profundamente sanador.

El terapeuta puede guiar al cliente adulto para dar al niño interior cualidades útiles y potenciadoras, tal como fortaleza interna, amor propio, seguridad y confianza en sí mismo, y paz interior, y luego incorporarlas en su psique. El niño interior es posteriormente libre para crecer dentro del cliente hasta la edad actual del cliente, creando un gran cambio en energía y una sanación singular para él.

Estudio de Caso – La Niña que Perdió a su Padre

Rosie tenía 41 años cuando me vino a ver y estaba profundamente deprimida. Su matrimonio estaba fallando, su esposo fue verbalmente abusivo y ella ya no lo amaba ni respetaba. Ella sólo se quedaba con él porque temía que no pudiera lidiar sola con la vida. No tenía niños y sentía que le faltaba propósito a su vida.

Ella calificó su nivel de ansiedad con 10/10, ocurriendo de cuatro a cinco veces al día y con una duración de alrededor de 20 minutos, pero en ocasiones hasta de una hora. También estaba renuentemente tomando antidepresivos que no parecían haberle ayudado en absoluto.

Después de la entrevista fácilmente hice un puenteo para Rosie de vuelta a un evento reciente hacía algunas semanas donde ella se había sentido ansiosa. Había sido en la oficina donde su jefe había sido impaciente con ella por no entregarle cierta información a tiempo. Ella se sintió inútil, incapaz e impotente, y lágrimas empezaron a caer sobre sus mejillas.

Le pedí que se pusiera en contacto con los sentimientos dentro de ella y que fuera a un evento mucho más anterior donde ella había sentido lo mismo. A la cuenta de tres ella estaba en una escena a la edad de 17 años donde su primer novio se estaba burlando de ella por no estar en forma y no ser atlética, y por tener sobrepeso. Rosie me dijo que en ese tiempo ella estaba tan sólo algunas libras por encima de su peso ideal, y no estaba interesada en los deportes porque amaba leer y estaba particularmente interesada en la historia. Pero sus palabras le cortaron como un cuchillo y ella se sintió insignificante, sin importancia, inútil e impotente. Fluían libremente lágrimas sobre su cara.

Le pregunté si ese era un sentimiento familiar o una shock (esto te ayuda a saber si has descubierto la raíz del problema) y ella respondió que era muy familiar, así que la regresé aún antes de ello a un evento significativo más temprano. Ella se encontraba en el patio de recreo a la edad de seis años. Rosie se había cambiado a una nueva escuela y todos los niños ya tenían amigos. Ellos realmente se gozaban en molestarla y *bullearla*, haciéndole zancadillas y diciendo cosas crueles y repugnantes. Ella no tenía amigos y se sentía absolutamente desolada, impotente, insignificante, inútil y rechazada. Su maestro también la trataba con frialdad, fastidiándola en clase, haciéndole preguntas que no podía contestar y humillándola en frente del resto de la clase.

Pensé que esto podía ser el origen, pero ella aún sentía que esto era un sentimiento familiar, así que la regresé aun antes de ello. A la edad de tres años ella se encontraba en una escena en donde su madre estaba gritándole a su papá en tanto salía de la casa por última vez. Ella estaba en lounge y su madre le gritó abusivamente a ella, diciendo que era culpa suya que se fuera, que ella era inútil, y que desearía que nunca hubiera nacido. Esto fue un shock para ella, y ella se congeló en ese momento conforme parte de ella creyó las palabras de su madre – que ella era inútil y una molestia. Fue en este punto que la creencia fue creada y tomó raíz en su mente inconsciente.

Le pedí a la Pequeña Rosie que esperara, con gentileza di unos toques en la frente de Rosie, y le pedí que hablara con Rosie adulta. Le sugerí a Rosie Adulta que sentara a la Pequeña Rosie en su regazo y pusiera sus brazos a su alrededor, que la consolara, justo de la manera que habría querido ser consolada cuando era pequeña. Le di a Rosie Adulta una almohada para poner sus brazos alrededor para profundizar la experiencia. Fluían lágrimas y lloraba conforme le animaba a liberar todo el dolor. Eventualmente el llanto cesó.

Se le pidió a Rosie Adulta que hablara con Rosie Pequeña y se le animó a imaginar que la veía a los ojos y le decía que la amaba. Esto lo hizo alegremente, y fue una escena hermosa para atestiguar, la consolaba y le decía que la amaba mucho, y que cuidaría de ella en el futuro. Hablé con Rosie Pequeña y le pregunté qué necesitaba de Rosie Adulta. Ella dijo que no entendía por qué todo era su culpa. ¿Qué había hecho ella mal?

Rosie Adulta fue capaz de decirle a Rosie Pequeña la verdad, ya que ella tenía el conocimiento adulto y perspectiva de la situación. Ella cuidadosa y pacientemente explicó a la Pequeña Rosie que definitivamente no era culpa suya, y que Mamá estaba simplemente tan dolida que se desquitó con ella porque ella estaba cerca. También, porque ella no quería enfrentar el hecho de que ella misma era la responsable de que se fuera el padre de Rosie. Escuchar esto fue muy reconfortante para Rosie Pequeña, y hubo más abrazos entre las dos.

Luego le pedí a Rosie Adulta que llevara un enorme montón de globos coloridos y le dije que cada globo contenía una cualidad potenciadora que podía escoger para darle a Rosie Pequeña. Primero se decidió por un globo rojo lleno de valentía. Se le pidió a Rosie Pequeña que lo tomara y que respirara la esencia de la valentía y la sintiera fluir a través de sus piernas y en su cuerpo, brazos, manos y cabeza. Ella explicaba que se sentía maravilloso y que ya se sentía más fuerte. (El color rojo también habrá trabajado energéticamente. Aquellos de ustedes que estudien la terapia de colores sabrá el valor de cada color significativo. Siento que es importante que el cliente adulto elija las cualidades para su yo más pequeño y el terapeuta no le dice qué dar. No obstante, algunas sugestiones e ideas pueden resultar útiles para inspirar a los clientes si no están seguros.)

Rosie Adulta luego le pasó un globo tras otro con las cualidades que necesitaba – un globo rosa oscuro para ser merecedora de amor, un globo verde lleno de amor propio, un globo morado lleno con la habilidad de hacer amigos fácilmente, un globo azul lleno con sabiduría y la habilidad de ver un panorama más amplio, un globo naranja para tener diversión, y un globo lila lleno del conocimiento de que ella era perfecta y digna de amar tal como era. Ella respiró y absorbió toda la energía de cada una de estas cualidades y fortalezas que Rosie Adulta sintió resultarían útiles para que ella creciera con ellas. Sugerí un globo final que tenía los colores del arcoíris y contenía todas las otras cualidades que podría requerir, así que podría siempre encontrar cualquier cosa que necesitara dentro de ella.

Rosie Pequeña dijo que se sentía maravillosa y que estaba lista para intuitivamente encontrarse con su mamá. Con sus nuevas fortalezas le dijo que estaba muy triste de que Papá se haya ido y sentía mucho que Mamá estuviera tan dolida, pero no estaba feliz de que Mamá la haya culpado por algo que no era su culpa. Mientras escuchaba a Rosie Pequeña hablar su verdad de esta manera, Mamá agachó su cabeza por vergüenza por lo que había hecho. Rosie pudo sentir su remordimiento y envió una pequeña chispa de amor a su corazón, después de lo cual Mamá se disculpó profundamente y abrazó a Rosie Pequeña. Rosie Adulta también habló directamente con Mamá, contándole sobre el impacto que había tenido en su vida y cuán injusta había sido. De nuevo Mamá colgó su cabeza en vergüenza y explicó que no tenía idea del tan largo alcance de las consecuencias de sus palabras y acciones, y rogó perdón, el cual Rosie Adulta dio con libertad. Rosie Pequeña y Mamá también se abrazaron usando un cojín como prop, lo cual fue muy sanador para ambas.

Una vez que el diálogo se completó, ambas Rosies estaban en paz con Mamá. Luego le pedí a Rosie Adulta que encogiera a Rosie Pequeña para que fuera suficientemente pequeña para caber en la palma de su mano y pudiera empujar a Rosie Pequeña dentro de su corazón, donde ella podía crecer y convertiré en una parte saludable y completamente integral de ella. Después de esto Rosie Pequeña fue llevada a través de sus años de crecimiento hasta las edades de cuatro, cinco y seis, adonde se le guió a revivir el evento significativo en el patio de recreo en su nueva escuela. De nuevo Rosie Pequeña conectó con sus nuevas fortalezas y en esta ocasión se encontró siendo el centro de atención, con todos los niños queriendo ser sus amigos. Ella estaba emanando una energía diferente de manera que los niños no sentían ninguna necesidad de *bullearla*. Rosie Pequeña estaba sintiéndose fantástica y subsecuentemente se encontró en el salón, contestando con facilidad todas las preguntas que su maestro le hacía de una manera segura y agradable. Ella estaba yendo de fortaleza en fortaleza y descubrió que era en realidad muy brillante.

Le pedí a Rosie Adulta que experimentara el crecimiento de Rosie Pequeña con sus nuevas cualidades. Nos detuvimos a la edad de 17 años cuando su novio le había dicho que tenía sobrepeso. Ahora ella simplemente se rio de él y dijo, 'soy hermosa tal como soy, y dado que tú no me aprecias, muévete y encontraré a un novio mucho más lindo que pueda ver cuán especial soy.' Luego sugerí que se imaginara en una relación mucho más sana, y estaba deleitada.

Continuó creciendo y entró a los eventos más difíciles de su matrimonio. En cada uno ella transformó las memorias, expresando su valor propio e ignorando las palabras abusivas que su esposo dirigía a ella. Finalmente visitó un evento reciente con su jefe cuando ella completó una tarea a tiempo. Ahora se sentía energética y confiada, conforme experimentaba que su jefe la elogiaba por su eficiencia.

A partir de estas experiencias llevé a Rosie un mes en el futuro, donde ella intuitivamente experimentó que la ascendieran en el trabajo. Luego seis meses en el futuro cuando ella creó por sí misma unas vacaciones increíbles con su mejor amiga. Finalmente se le llevó a un año en el futuro, cuando experimentó el recibir a su madre en navidad de una manera amorosa y en una relación maravillosa con un hombre que era amable, amoroso y apreciativo.

Traje a Rosie de vuelta al presente y abrió sus ojos. Una gran sonrisa y una mirada de incredulidad se difundieron por su rostro. 'Wow!' dijo ella, 'Me siento ya tan diferente. Mucho más fuerte y positiva.' Comentamos la sesión e hicimos la siguiente cita.

Ella volvió un mes después y los resultados de la sesión fueron espléndidos – ¡su nivel de ansiedad fue cero! Ella estaba disfrutando su trabajo, dejó de tomar los antidepresivos con la aprobación de su doctor, y había decidido dejar a su marido. ¡Parecía que se estaban separando amigablemente y ella estaba muy entusiasmada de la vida y el prospecto de encontrarse a alguien quien la pudiera tratar como una princesa!

En la sesión de siguiente trabajamos en otro problema para romper con su hábito de comerse las uñas. Recibí un email de ella seis meses después diciendo:

> Hola Hazel, no sé como agradecerte por la sesión que tuvimos a principios de este año, porque mi vida se ha transformado completamente. Antes de tener mi sesión contigo estaba deprimida, ansiosa y no veía ningún futuro en absoluto para mí. Mi vida es 100% mejor desde que tuvimos la primera sesión juntos. Me sentí completamente diferente, más libre y una persona con más confianza. Tengo ahora una relación muy dulce con mi mamá – mejoró notablemente y disfruto ahora de estar con ella. También conocí a un hombre increíble. Es un viudo con dos niños de cinco y seis años que son hermosos. ¡Estoy en las nubes! ¡Estamos muy enamorados, puedo contarle mi verdad y él me aprecia de una manera que nunca antes había experimentado! Adivina qué, fui ascendida justo como vimos en la sesión. También me pagan más – ¡Bastante más! También tengo una pintura de todos esos hermosos globos para recordarme de todas esas cualidades que me cambiaron la vida y están dentro de mí ahora.
>
> No sé cómo agradecerte suficiente por este milagro. Te estoy recomendando con todos mis amigos.

Este estudio de caso es de hecho muy típico, y he tenido muchos clientes que han sufrido de experiencias de vida alterantes similares en su infancia – abusos, *bullying*, abandono, crueldad y semejantes. No todos los clientes responden en una sola sesión, y algunos pueden necesitar tres o más, donde es necesario trabajar con diferentes aspectos de un problema. Algunos clientes responden mejor cuando la sanación del niño interior es usada en conjunto con la regresión a vidas pasadas. Las raíces de un complejo o problema difícil frecuentemente recaen en un trauma no resuelto de vidas pasadas que el alma ha traído a la vida actual para trabajarlo, transformarlo y liberar las emociones sin resolver.

La sanación del niño interior es una manera increíblemente veloz para que la mayoría de los clientes rápidamente transformen creencias inútiles y reintegren su yo-niño congelado. Les libera para disfrutar lo que queda de su vida.

La Perspectiva Espiritual

El aspecto más significativo de la nueva sanación *espiritual* del niño interior que quiero compartir con ustedes es la unión de el enfoque tradicional con un entendimiento de nuestro propósito verdadero del alma. En sus libros pioneros *Journey of Souls* y *Destiny of Souls*, Michael Newton describe cómo regresó a miles de personas al lugar en la dimensión espiritual donde las almas van entre cada encarnación en la Tierra – al estado de la 'vida entre vidas'.[6,7] Esta dimensión espiritual es nuestro verdadero hogar, de donde vamos a las vibraciones más densas de la Tierra para experimentar los desafíos de la vida humana.

En este estado entre-vidas los sujetos describen cómo reciben sanación, se encuentran con sus guías espirituales, repasan su vida pasada, miran varias opciones para su próxima vida y son guiados por un consejo de Sabios cuando hacen planes para la vida que eligen. Sus descubrimientos en estas sesiones les da nuevas revelaciones espirituales y un nuevo y más profundo significado a sus vidas. Frecuentemente esto lleva a cambios transformacionales en su salud, comportamiento, relaciones y creencias.

Newton también describe cómo es en realidad el alma responsable por todos los aspectos de sus vidas humanas. Las almas escogen lecciones de vida que desean aprender y de las cuales desean crecer. Hay usualmente un tema general que se comparte con sus almas compañeras del grupo de almas, aunado con sesiones individuales de vida que el alma puede trabajar a lo largo de muchas vidas. Así que un alma trabajando en el control, por ejemplo, puede decidir escoger una vida donde se sienta controlada habiendo previamente experimentado una vida donde esa alma fue la controladora. Se escogen otras almas o son voluntarias para trabajar con nosotros y ayudarnos a tener las experiencias que deseamos, mientras también cumplen con sus propias lecciones de vida en el proceso; los acuerdos que hacemos con ellos son a lo que nos referimos como contratos de almas.

Puede ser muy difícil cuando vemos el dolor y tormento que es una parte necesaria de muchas experiencias de vida aquí en la Tierra. Aún así podemos también apreciar que todos, sin importar cómo aparezcan ser, son simplemente almas llevando a cabo su plan de vida, tal como un actor en una película. Las almas desempeñan todas las partes para explorar todos los aspectos de la vida humana para crecer y evolucionar. Incluso vidas particularmente difíciles usualmente han sido *elegidas* por almas muy valientes o experimentadas.

Esta cita anónima llamada, *El Viaje de un Alma* captura la esencia de los contratos de almas:

> Hubo un alma cuyo tiempo llegó para tomar un renacimiento humano, y así fue a la gran caverna en el vacío infinito donde todas las almas tales fueron. En la caverna había cientos de miles de almas, cada una manifestándose como una pequeña flama azul.
>
> Y el alma habló y dijo, 'Y en la Tierra, si he de aprender las lecciones más grandes de todas, las lecciones de humildad, tolerancia ante la provocación, y amor a aquellos que me odian, necesitaré enemigos. Necesito que la gente me odie,

abuse de mí y cometa actos de violencia en mi contra. ¿Quién hará esto para mí? ¿Quiénes serán mis enemigos en la Tierra?'

Hubo una larga pausa en la caverna hasta que, finalmente, un pequeño grupo se acercó y dijo, 'Nosotros somos tu grupo de almas. Te hemos conocido y amado a lo largo de eones de tiempo, y tu crecimiento y aprendizaje son tan queridos para nosotros como los nuestros propios. Esta es la tarea más delicada y difícil, y si haz de ser dañado y abusado, es mejor que sea hecho por amigos cariñosos. Nosotros seremos tus enemigos en la Tierra.'

¿Entonces hemos creado todos tales acuerdos con otros antes de nuestra vida actual? Ya lo creo. Nos desafiamos a nosotros mismos con lecciones y situaciones que dan a nuestras almas la oportunidad para aprender y crecer. Mientras tanto también ayudamos a otras almas con sus propias lecciones de vida.

Veamos ahora cómo este enfoque espiritual puede ser integrado en la sanación del niño interior.

Estudio de Caso – El Niño cuyos Amigos eran Invisibles

La sanación espiritual del niño interior rápidamente proporciona la oportunidad para que los clientes aprecien una perspectiva nueva y más elevada de los eventos en su vida. Durante la sesión del niño interior, mientras el cliente se encuentra profundo en hipnosis, es posible guiarlos a los reinos espirituales y de vuelta a las experiencias de la vida entre vidas. Pueden ir al momento en que sus contratos fueron creados. Pueden entonces obtener un entendimiento sobre de quién fue la idea del contrato y qué quería experimentar y aprender de ello cada participante.

Brian era un hombre en sus treintas, casi cuarentas, quien

había recientemente empezado a trabajar como terapeuta y también era un talentoso clarividente. Él había visto frecuentemente espíritus cuando era niño, sin entender en un principio que era diferente de otros niños y sus padres. Sin embargo, su padre lo había *bulleado* y enajenado en una infancia que fue similar a las primeras escenas del primer libro de Harry Potter. Se le decía con frecuencia a Brian que se callara y lo echaban porque sus padres no lo entendían y estaban llenos de miedo sobre lo que estaba diciendo y cómo otras personas pensarían mal de ellos. Incluso se envió a un sacerdote para exorcizarlo y estaba aterrado por el abuso verbal de su padre. También estaba confundido y con frecuencia muy asustado de lo que estaba atestiguando a su alrededor, con espíritus y fantasmas visitándolo y comunicándose con él. Él intuitivamente sabía que esto era real, pero no se le creía o aceptaba e incluso se le ridiculizaba por hablar acerca de sus amigos invisibles.

La relación con su padre fue muy difícil durante su vida y se le demostró muy poco amor o afecto paternales. Para parecer más normal, Brian eligió un empleo tradicional en la ciudad cuando salía de la escuela, escondiendo la parte de sí mismo que veía y se comunicaba con espíritus. De hecho él estaba altamente motivado a apagar ese aspecto de sí mismo y esconderlo por miedo a más ridiculización y dolor. Pero su padre había muerto para el tiempo en que yo lo conocí, y él estaba harto del sentimiento de esconderse.

Durante nuestra primera sesión de niño interior se le guió a través de muchos eventos dolorosos hasta el primero que fue una 'shock' para él. Estaba siendo encerrado en su habitación a la edad de seis años por hablar en voz alta con los espíritus que se habían vuelto sus amigos. Le di la instrucción que fuera al lugar en el reino espiritual donde estaba creando el contrato para esta vida con su pronto-a-ser padre. Brian se encontraba en un hermoso cuarto como un templo con el alma de su padre y su guía espiritual con quien se había encontrado muchas veces antes.

Pregunté qué estaba ocurriendo y afirmó que se estaba preparando para esta su vida actual, en la cual tendría una consciencia espiritual profunda pero también quería ser controlado, restringido y aplastado hasta que encontrara la fuerza y el valor dentro de sí para hablar su verdad. Cuando lo hiciera, esta verdad tendría un impacto significativo y positivo en mucha gente. Iba a establecer muchos otros aspectos de su vida para ayudarlo a lograr esta meta, pero necesitaba que el alma que estaba eligiendo fuera su padre desempeñara su papel sin vacilación.

En tres de sus vidas pasadas, antes de su vida actual, había sido asesinado por hablar su verdad, así que este era un enorme desafío para su alma. Las revelaciones que vendrían de la experiencia de encontrarse a sí mismo, a su fuerza y voz interiores, le permitirían a su alma experimentar un crecimiento significativo. Pregunté qué estaba sucediendo, y dijo que estaba en discusiones profundas con su padre, que decía que iba a ser realmente difícil para él desempeñar este cruel papel, dado que lo amaba tanto, ya que habían tenido tantas vidas llenas de cariño juntos. No obstante, este rol como el padre permitiría a su alma experimentar ser el abusador cruel y dominante, y este era un rol para el que él y sus guías sentían que estaba listo, y que estaba en realidad esperándolo con ansias – muy similar a un actor escogiendo su siguiente rol difícil y crudo para la pantalla grande.

Le pregunté a Brian cómo se sentía sobre esto, y dijo que sentía un amor incondicional y gratitud hacia su padre – un hombre de quien en su vida actual había estado aterrado. Luego se abrazaron con la ayuda de un cojín como prop que profundizó la experiencia y las emociones. Un sentimiento abrumador de perdón vino a él mientras abrazaba a su padre, y lloró y dijo que ahora entendía la verdad de la relación que habían tenido. Durante este abrazo su padre dijo que sentía mucho todos los actos de crueldad y abuso, y que fue la vida más difícil que había experimentado.

El diálogo que continuó entre ellos fue hermoso, mucho amor y entendimiento fue compartido. Brian se dio cuenta en ese momento especial de que era totalmente enteramente responsable de su vida y de las lecciones que había elegido, y para el propósito más alto que contenían. También era consciente de que su padre lo amaba incondicional y eternamente. Su padre lo lamentaba realmente, pero estaba desempeñando un papel crucial e importante en la historia de vida de su vida actual.

Luego le pedí a Brian que volviera a través de los eventos dolorosos de su niñez con este nuevo entendimiento y perspectiva, basados en el conocimiento que acababa de adquirir. Volvimos a visitar cinco de los eventos que originalmente le causaban un profundo dolor, y sin embargo en esta ocasión fue capaz de sonreír y observar con amor que su padre efectivamente desempeñó bien su rol asignado. Conforme atestiguaba esos eventos de una perspectiva más alta, se sentía más fuerte, más sabio y más informado del panorama más amplio, navegando a través de cada una de ellas con calma y conscientemente. Cuando llegó a su edad presente se describió a sí mismo con sentimiento de mayor libertad, más ligero, más feliz y calmado, como si fuera finalmente capaz de continuar con su propósito de vida de ser útil a otros enunciando con confianza su verdad.

Después de esta sesión, Brian comenzó a aparecer en público, comentando el viaje de su vida y canalizando a los sabios y amorosos guías espirituales con quienes trabaja, para ayudar a la gente a entender quiénes son como un alma. Él ha puesto su nombre en un libro en el que desempeñó un papel vital, y por primera vez en su vida está aceptándose como un ser espiritual con una misión, no solamente para entender su propia naturaleza verdadera, sino también para ayudar a otros a entender quién son en realidad. La retroalimentación de Brian fue:

> La sesión del niño interior me transformó de una manera que no había pensado posible. La perspectiva del alma y las revelaciones sobre los desafíos que enfrenté durante mi infancia tuvieron un efecto inmediato en mí. Me di cuenta de la valentía que tuve como alma para llevar a cabo mi rol y de nuevo como niño, habiendo superado toda valentía, necesitaba ahora integrar esa parte de mí de vuelta en mi vida. También me di cuenta que no estaba haciendo esto sólo por mí, pero también por muchas otras personas. Sólo me estaría lastimando si me aferrara a la necesidad de ser anónimo, lo cual ahora parecía ridículo de cualquier forma.
>
> Desde la sesión mi vida avanzó de maneras hermosas que apenas podría haberme imaginado antes. Ya no hay más límites o fronteras y me siento bendecido por la vida entera que elegí – ¡algo que pensé jamás diría!

La transformación de Brian fue veloz y las revelaciones de una sesión transformaron su vida. Sin embargo, como ya se ha dicho, algunos clientes necesitan varias sesiones basadas en su situación única y personal. Lynne, el cliente que mencioné antes que había sido sexualmente abusada, es un buen ejemplo:

> Lynne me había estado viendo por muchas sesiones porque el dolor de una vida de abuso había cobrado una factura muy profunda. Ella había adoptado el rol de víctima a tal grado, que no sabía cómo actuar de otra manera.
>
> Cuando hablé por primera vez con su Pequeña Linda atascada, encontré a una niña muy dispuesta a complacer,

amigable y habladora que deseaba desesperadamente amor y afecto, quien fue abandonada, abusada y descuidada, y aún así hizo todo lo que pudo para complacer a aquellos a su alrededor, incluyendo permitir a sus seres queridos que abusaran sexualmente de ella – dándole el amor percibido que estaba buscando. El dolor que la Pequeña Linda soportó fue enorme y aún su espíritu se encontraba vivo y adorable.

Cuando inicialmente le pregunté a Linda Adulta – Lynne – si quería darle a Linda Pequeña un abrazo, y le ofrecí un pequeño cojín, ella literalmente lo aventó al otro lado del cuarto y gritó. Estaba furiosa con Linda Pequeña por permitir que sucediera el abuso. Tomó varias sesiones para que ella descubriera la belleza real y la inocencia de Linda Pequeña, y para entender por completo la situación imposible en la que se había encontrado. Fue vital para ella perdonar a su pequeño yo, y luego usar las técnicas potenciadoras que comenté antes usando globos y nuevas cualidades y eventualmente integrarla por completo.

Lo que le ayudó más significativamente fue descubrir que de hecho ella había escogido a sus padres biológicos, a sus padres adoptivos y de crianza, a sus abusadores y a su esposo, y sus lecciones y plan de vida, para que su alma experimentara una vida humana de esta manera.

Esto es lo que Lynne dijo después de su terapia: 'Antes de tener sesiones contigo estaba muerta y ahora estoy viva. El pasado se ha finalmente liberado, tengo ahora esperanza y estoy emocionada de que en el futuro seré capaz de ayudar a muchas otras personas que han sido abusadas, contando mi historia sobre cómo volví a la vida gracias a la hipnoterapia y a ti.'

Técnicas Para la Sanación Espiritual del Niño Interior

La sanación espiritual del niño interior involucra un enfoque en tres pasos. Sin embargo, es importante recordar que cada persona es única, así que el orden de las acciones dentro de cada paso pueden requerir ser cambiadas. La clave es seguir la intuición propia y trabajar desde el corazón.

Paso 1 – Regresa al Origen

La primera clave para completamente transformar el problema o complejo es encontrar la raíz u origen del problema – frecuentemente llamado el evento inicial sensibilizador (EIS o ISE por sus siglas en inglés: Initial Sensitizing Event). Cuando lleguemos a la raíz del problema y lo transformemos, lograremos prevenir que vuelva, mientras que si solamente vamos al tronco o a las ramas, algunas raíces permanecerán.

- Lleva al cliente de vuelta al evento significativo de su infancia o dentro del vientre y explora la situación en la que él se encuentra. Yo usualmente uso un puente de afecto, lo cual significa amplificar los sentimientos o temores dolorosos actuales. Pídele que amplifique estos sentimientos conforme cuentas hasta diez, hasta que sean tan fuertes que apenas los puedan soportar, luego dirígelo a su origen con un comando 1... 2... 3... ¡ahora!

- Adonde sea que vaya averigua qué edad tiene y habla con él como corresponde. Si tiene cinco años, háblale como si estuvieras hablando con un niño de cinco años.

- Puedes necesitar visitar varios eventos significativos en el camino conforme viajas de vuelta al origen real de su problema.

- Pide al cliente que **Vaya a la primera vez que se sintió de esta manera.** Sin embargo, tendrás que determinar si está o no en el evento real de origen. Después de compilar la información sobre la escena y qué emociones están experimentando, pregunta, **¿este sentimiento es familiar o es un shock?** Si es familiar, tendrás que ir aún más atrás para llegar al origen, pero toma nota de toda la información obtenida en cada evento, ya que será útil durante la transformación.

- Si la emoción es un shock para el cliente, estás probablemente en el origen. Una vez que esto haya sido establecido, puedes confirmarlo con señalización ideo-motora (esto involucra determinar respuestas para 'sí' y 'no' con su mente superior). Luego recauda toda la información sobre la situación en la que está, incluyendo cualquier otro personaje que esté involucrado, lo que puede escuchar, cómo se siente y demás. Permite que el cliente se haga consciente de lo que entienden como la realidad como un niño y los sentimientos y creencias generados en ellos en este momento. Esto puede incluir 'No soy amado', 'Nadie me quiere' o 'Nunca seré suficientemente bueno'.

Paso 2 – Transformación

El paso de transformación está dirigido a la obtención de un nuevo entendimiento. Necesita ser hecho de una manera intuitiva ya que cada cliente y cada problema con únicos, así que parte de las técnicas a continuación será necesitado y otra parte no. No hay un orden específico solamente sintonízate con el cliente y trabaja con lo que se sienta bien. Familiarízate con todas las herramientas en este paso para que puedas tenerlas todas disponibles para usarlas cuando sea apropiado.

Encuentro con el Niño Interior

- Pide al cliente que deje la situación por unos momentos y que vuelva al día presente. Explica que cuando toques su frente estarás alternando entre hablar con su 'yo pequeño' y su 'yo adulto'.

- Informa al cliente adulto que estás ahora regresando al evento que acabas de visitar, y que se encontrarán ahí con su yo pequeño en el momento que el evento está sucediendo. Cuenta **1... 2 ... 3 ... ¡ahora!**

- Pide al yo adulto que conecte con el yo pequeño. Por ejemplo di, **Míralo a los ojos** o **Pon tus brazos alrededor suyo** o **Siéntalo en tu regazo**. Usa un pequeño cojín como prop para que pueda abrazar al niño.

- Pide al yo adulto que mire a su yo pequeño a los ojos y vea si puede observar cuán inocente, encantador, especial y digno de amor es. Esto puede ser muy emocional, así que permite que se liberen las lágrimas. Con algunos clientes tendrás que ser creativo en este punto – por ejemplo, haz que intercambien amor con su pequeño yo y que sientan el amor incondicional volviendo a ellos. Pero nunca los obligues a hacer esto – puede tomar un número de sesiones para llegar a este punto.

- Luego dile al yo adulto que tiene un montón de globos, y que cada globo representa una cualidad que le gustaría que su yo pequeño tuviera – usualmente cualidades que desearía haber tenido cuando era más pequeño. Es importante que el cliente elija sus propias cualidades para su niño interior, así que no lo adelantes, al menos inicialmente. Puedes sugerir algunos después si es necesario.

- Comienza logrando que identifiquen la primer cualidad y el color del globo, por ejemplo, un globo rojo lleno de valentía. Toca la frente para cambiar al pequeño yo y haz que inhale la energía roja en el globo y sienta nueva y fuerte energía de valentía fluyendo por su cuerpo. Logra que realmente sienta lo que es estar lleno de valentía.

- Repite con más globos. Cualidades comunes son fortaleza, amor propio/autoestima/valor personal, la habilidad para decir no y la habilidad para entender y perdonar. Cuando ya no tenga nada que decir revisa que todas las cualidades importantes se hayan dado.

- Una posibilidad final es sugerir un globo arcoíris, el cual contiene toda cualidad que necesitará. Una vez que el yo pequeño haya absorbido esta energía, tiene todo lo que necesitará para sí mismo.

- Recuérdale de todas las cualidades que se le dieron y pídele que sienta la diferencia ahora que las tiene como una parte integral de sí mismo. Explica que estas cualidades siempre estarán con él.

Encuentro con el(los) Perpetrador(es)

- Da la instrucción al cliente para que tome a sus yo adulto y pequeño a un lugar seguro, por ejemplo a un parque, sentados alrededor de una fogata en un campamento o una bella playa. El adulto puede tomar la mano del pequeño yo, o se puede traer fortaleza adicional en forma de espíritus animales o guías para que el pequeño yo tenga todo el apoyo que necesita para hablar con el(los) perpetrador(es). Éstos frecuentemente serán su padre o madre.

- Pide al pequeño yo que diga lo que nunca tuvo la oportunidad de decir en aquel tiempo. Lo mejor es que el pequeño yo use el tiempo presente para asociarlo con la experiencia. También pide una respuesta del perpetrador. Quizá puedes animar al pequeño yo a reclamar poder personal proyectando todos sus sentimientos dolorosos sobre el perpetrador para que pueda verdaderamente experimentar lo que sintió. Esto es muy poderoso y los perpetradores frecuentemente caen sobre sus rodillas avergonzados por lo que han hecho, pidiendo disculpas profusamente.

- Se le puede animar al pequeño yo a visualizarse enviando una chispa de luz o amor al perpetrador. Sugiero que la ponga directamente en su corazón. Esto también simboliza su propio perdón y habilidad de dejar ir las antiguas creencias y sentimientos, mientras el acto de recibir el amor ayuda a la energía del alma del perpetrador.

- Haz que el yo adulto hable con su pequeño yo y le diga la verdad sobre la situación. Esto variará bastante, pero por lo general puedes intentar guiarlo para ver la realidad del evento. Por ejemplo, si los padres habían estado gritando, el yo adulto puede asegurarle que no es su culpa y que es normal que los adultos tengan sus problemas y se griten el uno al otro.

- Anima al adulto a reconfortar al pequeño yo con muchos abrazos y mucho amor cuando sea apropiado. Puedes necesitar ser creativo y persuasivo aquí. De nuevo, esto usualmente será bastante emocional. Da tiempo para que la emoción disminuya.

- Asegúrate que el perdón y el amor son declarados y aceptados antes de continuar. También que estén listos para dejar ir al perpetrador.

Encuentro con el(los) Perpetrador(es) cuando es(son) Pequeño(s)

- En ocasiones de necesita una variación para lograr que comience cierta clase de diálogo con el perpetrador. En este caso se le puede dar la instrucción al pequeño yo que visualice al perpetrador siendo de la misma edad que él es.

- Con frecuencia ven que el padre o la madre pequeños también eran infelices, abusados o tenían miedo de sus propios padres. Podían estar lastimados, sintiendo el mismo dolor. Esto puede ser muy sanador conforme sienten un nuevo nivel de conexión.

¿Qué aprendieron?

- Una vez que hayan entendido la perspectiva más amplia y las razones de lo que ocurrió, pregúntales qué aprendieron de la situación. ¿Qué beneficios vinieron de la experiencia que tuvieron? A menudo dirán, 'Soy un mejor padre por lo que experimenté.'

Corte de los Cordones

- El corte de los cordones energéticos es útil como una manera de obtener cierre. Faculta al cliente y permite que los fragmentos de energía sean devueltos.

- Pide al pequeño yo que vea el cordón plateado entre él y el perpetrador. Da la instrucción que mande de vuelta cualquier energía que esté sosteniendo que pertenezca al perpetrador. Da la instrucción que envíe de vuelta cualquier energía que esté sosteniendo que pertenezca al otro. Pide que observe cómo viaja a través del cordón hasta donde pertenece. Luego dale la instrucción de reclamar cualquier energía que el otro esté sosteniendo que pertenezca a él. De nuevo, debe mirarlo todo volver y traerlo de vuelta a su campo energético. Pregunta cómo se siente una vez que todo esta de vuelta con seguridad.

- Pídele que corte el cordón. Sugiero que use tijeras de cristal, y luego selle cada extremo con un color de su elección. Los colores elegidos tendrán todos una resonancia energética y serán sanadores cada uno de manera única.

Contratos de Almas

- Da la instrucción a tu cliente que vaya al lugar en el reino espiritual donde hizo su contrato con el alma del perpetrador antes de que naciera. Su guía espiritual puede acompañarlo.

- Pídele que explore el contrato que hicieron juntos y anima a un diálogo desde la perspectiva más elevada. Pregunta con qué lecciones accedió el perpetrador a ayudarle. Eso puede ser muy esclarecedor, y una perspectiva completamente nueva sobre su relación puede ser formada en un instante.

- También pregunta, **¿Han tenido otras vidas juntos?** Si es así, **¿Qué roles desempeñaron?**

- Permítele hacer consciencia del estado de amor incondicional con el perpetrador en el reino espiritual.

- Pregunta cómo se sienten ambos sobre esta vida y los desafíos que acordaron.

Visita a Otra Vida Pasada

- Puedes llevar al cliente a visitar otra vida pasada como un recurso positivo. Frecuentemente el sólo echar un vistazo sobre algunas escenas muy positivas de una vida pasada es muy sanador y crea otro cambio de perspectiva.

- Usualmente es altamente benéfico llevarlo a una vida pasada donde nació en una vida llena de amor. Permítele sentirse realmente amado, querido, aceptado o cualquier cosa que necesite experimentar.

- Ánclalo a estos sentimientos y da la instrucción para traer de vuelta los recursos positivos y útiles de esta otra vida suya, para que pueda integrarlos en su vida actual.

PASO 3 – INTEGRACIÓN

Una vez que una transformación en la perspectiva del cliente sobre el evento original ha sido facilitada, la nueva información y las nuevas experiencias necesitarán ser integradas para lograr que una sanación completa y permanente ocurra.

Crecimiento del Niño Interior

- Pide al yo adulto que imagine que su pequeño yo se ha encogido en la palma de su mano. Luego da la instrucción que sostenga a su pequeño yo hasta su corazón y lo empuje dentro, sintiéndolo rodeado de amor y aceptación. Puede haber más emociones en este punto, y de nuevo permite que sean liberadas.

- Pídele que sienta, vea, o imagine al niño ahora creciendo hasta que llega a su edad actual. Detente en cualquiera de los eventos traumáticos de la infancia o de la adolescencia que fueron descubiertos durante la sesión o en la entrevista. Permite que el cliente las re-encuadre usando las nuevas cualidades y perspectivas que ahora tiene. Mira cómo el niño interior ahora se comporta diferente, y es libre de experimentar las escenas positivamente.

- Cuenta desde la edad de un niño o bebé hasta su edad actual. Si no estás seguro de esto, detente a una edad un poco más joven de lo que es y di, **Ahora crece hasta tu edad actual ... así es, totalmente crecido hasta tu edad ahora ... totalmente integrado, ¡trayendo todas esas cualidades positivas a ti ahora como un adulto!**

Paso al Futuro

- Lleva al cliente hacia el futuro, usando las cualidades que ahora tiene dentro. Añade algunas sugestiones hipnóticas basadas en las nuevas cualidades de los globos, su nuevo entendimiento y demás. Llévalo hacia delante viéndose actuando y comportándose en una manera nueva e inspiradora.

- Ve adelante quizás seis meses, un año y tres años, o a cualquier tiempo futuro que consideres apropiado. Permite que el cliente se comporte más positivamente, totalmente libre del problema y las emociones que solía tener.

- Quizás puedes terminar pidiéndole que vaya a un lugar especial y animándolo a sentir los sentimientos positivos de amor y aceptación totales dentro de sí mismo.

Sanación del Bebé Interior

- Si la raíz del evento es dentro del vientre, el proceso es apenas diferente. El tiempo en el vientre es un origen común de problemas, ya que los bebés toman las emociones de su madre y padre y pueden estar muy conscientes de no ser queridos. También escuchan todas las conversaciones y discusiones con la consciencia de su alma. Esto puede ser muy angustiante dado que el alma se conecta totalmente con la realidad de las lecciones de la vida que ha elegido y las dificultades de la vida que se avecina.

- Llévalo a través del parto y obtén información. El primer encuentro con la madre y el padre puede ser con frecuencia muy angustiante y emocional para el bebé.

- Llévalo a ver a cada uno de sus padres a los ojos y ver las emociones involucradas – con frecuencia es miedo, ansiedad, o alguna otra emoción negativa. Luego pídele que observe cuándo fue creada esta emoción en cada uno de los padres.

- Como se describió anteriormente, pídele que visualice al padre como niño y pide que reconozca el dolor que él o ellos también sufrieron. Esto crea un cambio y un nuevo nivel de entendimiento. Vuelve a través de generaciones si es necesario. Haz que se visualice dando chispas de sanación de luz o amor.

- Ahora vuelve al vientre y pide al yo adulto que hable con el yo bebé, y que le recuerde que es perfecto y amado y que él estará ahí para encontrarse con él cuando nazca.

- Guía al bebé a través del parto. Simula esto a través de psicodrama llevando al yo bebé a la postura de nacimiento y usando una cobija para que puedan empujarse a través del canal del nacimiento. Esta ocasión está ahí su yo adulto para encontrarse con él mientras emerge, tomando al yo bebé en sus brazos usando un cojín. Anima al adulto a hablar al yo bebé con amor y a decirle exactamente lo que necesita oír. Esto vendrá desde dentro del cliente – él intuitivamente sabe justo lo que necesita.

- Anímalo a dar expresiones de amor y que vea profundo en los ojos del bebé para ver su naturaleza verdadera, su alma misma, el amor incondicional, la perfección y pureza.

- Las otras técnicas comentadas antes pueden ser también usadas aquí, incluyendo el diálogo con la madre y padre adultos, globos, contratos y demás.

Resumen

La causa que origina los pensamientos perturbadores, emociones negativas, enfermedad y desarmonía pueden con frecuencia ser remontados a un momento en la infancia y, a través de una investigación más profunda, al intrincado y deliberado plan de vida del alma.

Las técnicas de sanación del niño interior descritas aquí se han basado en el trabajo de pioneros líderes, incluyendo a John Bradshaw y a Brandon Bays. Sin embargo, la consciencia adicional de un contrato de almas es esclarecedor para el cliente a la perspectiva más alta de su historia de vida y los roles que todos los personajes desempeñan. Muchos han exclamado que se siente como ser un actor en una obra o una película, haciendo audiciones a otras almas para varios roles, y creando un plan de juego para ayudar más en el desarrollo de la carrera de su alma. Escenarios similares han ocurrido con muchos de mis clientes, quienes de pronto se dan cuenta que su historia de vida dramática y frecuentemente dolorosa fue en efecto su propia creación – y que su padre, madre, hermano o hermana estuvieron involucrados en un contrato del cual fueron todos totalmente responsables.

Este entendimiento más profundo del propósito espiritual de las relaciones en nuestras vidas pueden liberarnos de una forma que nos permite entender y perdonar a todo aquel que nos ha desafiado de cualquier manera, lo cual abre paso a un estado de amor incondicional para todos en nuestras vidas. Esta nueva perspectiva del propósito de la vida y del viaje del alma puede aplicarse también a todas las situaciones y relaciones en curso. Al tomar responsabilidad de las elecciones que hemos hecho a nivel del alma podemos dejar ir cualquier sentimiento de ser una víctima y entrar en la verdad de nuestro propio poder. Mientras tanto el sentimiento de amor incondicional crea un estado de armonía, paz interior y salud óptima en nuestro cuerpo. Nuestro sistema inmune es más fuerte, nuestras relaciones son más felices y podemos aplicar esta sabiduría espiritual a todos nuestros encuentros futuros.

Trabajé con Rosie antes de desarrollar el aspecto espiritual de la sanación del niño interior, pero si la hubiera llevado al lugar donde creó sus contratos de almas, ¿qué crees que habríamos encontrado? ¿Qué debía ella experimentar y superar aquí, y quiénes eran las almas quienes iban a ayudarle a aprender las lecciones que había elegido para esta vida actual? ¿Habríamos necesitado esta nueva técnica con ella? No necesariamente, porque en realidad ella tuvo una sanación y transformación profunda usando técnicas tradicionales del niño interior. No obstante, con ciertos clientes puede ser una técnica adicional muy valiosa.

Un cliente puede aprender que una vida que parecía ser aquella de una víctima es en realidad una vida llena de significado y de un alma valiente asumiendo desafíos inmensos. Este conocimiento es enormemente inspirador y el efecto dominó a través de todos los aspectos de la vida de un cliente puede ser eternamente transformacional.

Sobre la Autora

Hazel Newton Dip HYP, Dip RT, Ct LBL, RGN

Hazel solía ser una enfermera general registrada y especialista clínica en la industria farmacéutica. Ahora ella tiene su sede en Bristol y trabaja como una hipnoterapeuta clínica, terapeuta de regresión, terapeuta del entre-vidas y es también entrenadora certificada de la *Past Life Regression Academy*. Su propósito de vida y pasión es ayudar a otros a aprender sobre el viaje del su alma, la verdad de quienes son realmente y por qué eligieron encarnar, especialmente en este tiempo especial en nuestra historia. Para mayor información visita su sitio web: *www.radiantsouls.co.uk* o contáctala por su dirección de email: *hypnoticchanges@yahoo.co.uk*.

Referencias

1. Bradshaw, J., *Homecoming: Reclaiming and Championing Your Inner-Child*, Piatkus, 1991.
2. Bays, B., *The Journey*, Thorsons, 1999.
3. Ford, D., *The Dark Side of the Light Chasers*, Hodder and Stoughton 1998.
4. Ford, D., *Why Good People do Bad Things*, Harper Collins 2008.
5. Myss, C., *Sacred Contracts,* Bantam Books, 2002.
6. Newton, M., *Journey of Souls*, Llewellyn, 1994.
7. Newton, M., *Destiny of Souls*, Llewellyn, 2000.

4

Terapia de Regresión en un Consultorio Médico

Peter Mack

Tú, tú mismo, eres el tiempo;
tus sentidos son tus relojes.

Angelus Silesius, místico alemán, siglo XVII

Introducción

Amo el estudio de la ciencia médica y disfruto de cada aspecto del arte quirúrgico en el cual he sido entrenado. Mi pasión por la investigación me llevó a adquirir un doctorado en ciencia médica en 1988 y luego continué con actividades de investigación por varios años. Aún así dentro de mí experimentaba un anhelo de buscar conocimiento a través de otros medios, incluyendo en empirismo y la observación.

La sanación es una práctica antigua encontrada en todas las culturas humanas, y todas las culturas han evolucionado métodos dirigidos a la restauración de la salud física, asegurando la integridad emocional y logrando serenidad espiritual. Tradicionalmente, el concepto de sanación involucraba un grupo de técnicas para hacer a los individuos saludables contrarrestando las aflicciones en su cuerpo, mente y espíritu. Con el tiempo, las técnicas en la medicina moderna inclinaron su enfoque en la ciencia del cuerpo humano en rectificar los desordenes físicos y restaurar el balance, quizás pasando por alto el bienestar de la mente y el espíritu en el proceso. Aún así en era mi opinión que la terapia de regresión, por su naturaleza holística, tenía su lugar y el potencial para llenar esta brecha.

La habilidad para mover la consciencia de los pacientes adultos cronológicamente de vuelta a su infancia para tener acceso a sus memorias tempranas era conocida para la comunidad médica desde mis días en la escuela de medicina. Recuerdo vívidamente atestiguar el proceso de regresión hipnótica de la edad por primera vez como estudiante de medicina en 1972. En aquellos días la profesión dental me mostraba un interés más proactivo en la hipnosis por su potencial en el manejo del dolor. Era un seminario vespertino impartido por un hipnotista dental del Reino Unido. Trajo consigo a su paciente, una niña adolescente que se ofreció como voluntaria para una demostración. Estaba impresionado por cuán rápido pasó a un estado hipnótico a momentos del inicio de la inducción. A través de la dirección del hipnotista, ella regresó a sus tempranos días escolares. Impresionado vi cómo la tonalidad de su voz cambió y se hizo cada vez más infantil conforme su memoria se desplazaba hacia atrás en sincronía con las sugestiones del terapeuta.

El mecanismo de la conexión mente-cuerpo es un mecanismo intrigante y probablemente aparenta ser místico para mucha gente. Por un largo tiempo se delegaron reinos separados a la mente y al cuerpo. Mientras los médicos estaban cómodos tratando la fisiología del cuerpo, aquellos problemas que involucraban a la mente se presumía generalmente que caían en el territorio de los psicólogos o psiquiatras. La aplicación de la terapia de regresión a la sanación en medicina había sido lenta y, si a caso, herética hasta más recientemente.

El concepto de 'sanación' en la medicina moderna está fuertemente fundamentado en la ciencia y su orientación es predominantemente física. El enfoque ha sido ampliamente en la biología del daño a los tejidos, la reparación y la regeneración. Las alteraciones emocionales asociadas con un deterioro de la salud fueron relegados al reino de la psiquiatría por default. Los viajes a la mente inconsciente eran generalmente desaprobados y se veían con temor porque podrían potencialmente abrir un mundo de esoterismo más allá de lo que la enseñanza científica tradicional podría adecuadamente explicar. A pesar de ello la medicina no estaba cerrada al paradigma holístico de la sanación. La superación de la enfermedad abarcando todas las técnicas para contrarrestar las afliciones en el cuerpo, la mente y el espíritu sonaba atractiva aunque remota de las expectativas de la ciencia médica. La renuencia básica para aceptar las técnicas holísticas se ramificaba de una manera en la que los profesionales médicos exigían evidencia de su efectividad – evidencia que habría de ser conmensurada con la robustez requerida por el enfoque científico.

Mi Viaje

Eran exactamente tres décadas desde mi primer encuentro con el proceso de regresión hipnótica cuando comencé a pausar y mirar al 'espejo retrovisor' para obtener un panorama amplio del progreso médico en las décadas previas. En ese espejo del tiempo vi muchos eventos. Estos incluían la secuenciación del genoma humano, el avance explosivo de las tecnologías de imágenes médicas, el crecimiento del trasplante de hígado y la aterrante epidemia SARS que tomó a la comunidad médica mundialmente por sorpresa. Recuerdo cómo un proveedor de cuidado, fui sometido a cuarentena en dos ocasiones durante la epidemia del mortal virus del SARS conforme se llevaba la vida de un colega médico en el curso de su deber profesional. Luego comencé a ver la vida, la enfermedad y la sanación de una manera diferente. Fue como si hubiese llegado a un punto de inflexión en mi vida y quisiera hacer algo diferente. Sentí una urgencia cautivante y tomé sanación con Reiki. Esto fue a pesar de la plena consciencia de mi parte que la 'medicina energética' tenía poca aceptación en la medicina convencional. En el fondo, había comenzado un viaje.

Un día un paciente de alrededor de setenta años entró a mi consultorio en una silla de ruedas, con un semblante lúgubre. Había retirado un tumor en un músculo blando de su estómago un año antes, y estaba de vuelta para una revisión rutinaria. Él era un médico retirado cuando lo operé. Después de su recuperación de la cirugía, fue suficientemente desafortunado para ser afectado por la enfermedad de Parkinson, una enfermedad degenerativa del sistema nervioso que desmejoraba sus movimientos y habla. A pesar de los medicamentos que tomaba su condición se deterioró y eventualmente se hizo dependiente de la silla de ruedas. Al ver su estado debilitado me sentí conmovido. Instintivamente me paré de mi silla, fui detrás de él y posé mis manos sobre sus hombros. Fue un momento inolvidable. En medio minuto él experimento una oleada distinta de energía revitalizante y dio una exclamación de asombro. La energía fluyó por su pecho y su tronco y se sintió inmediatamente recargado.

En una segunda ocasión, una atractiva y joven muchacha en sus veintes, casi treintas, entró cojeando a mi consultorio con una andadura dolorosa. Mi colega ortopedista, quien había estado cuidando de su columna lumbar degenerativa, le había aconsejado que me consultara. Era empleada de una aerolínea y trabajaba como parte de la tripulación de cabina. Durante un vuelo se estaba agachando para recoger un objeto caído cuando un colega accidentalmente la atropelló con un carrito de comida contra su espalda. La imagen de resonancia magnética mostraba discos intervertebrales salidos pero se le recomendó no operarse por su edad relativamente joven. Con el tiempo el dolor de su columna lumbar radiaba a su abdomen bajo derecho y se pidió mi opinión. Conforme se acomodaba en el sillón de examinación y mi mano que la examinaba palpaba su abdomen, su cara de pronto se iluminó:

Ah, Doc, creo que conozco esto. Es alguna clase de energía sanadora que me está dando. La siendo fluyendo por mi pierna derecha y golpeando contra mi pie.

Ella admitió que había encontrado la energía Reiki antes de otro practicante de sanación y por lo tanto podía fácilmente reconocerla. La experiencia previa le había dado un script mental de cómo se sentía la energía, y ella podía inmediatamente conectar las dos experiencias positivamente. Luego ella preguntó si podía volver para tratamientos repetidos de Reiki en el futuro. Desde ese momento en adelante, mi modo de ver la sanación cambió permanentemente.

Sanación Holística

Los años pasaron. Sentí un desplazamiento gradual en los conceptos intelectuales de la causa de la enfermedad y la sanación. La conexión mente-cuerpo parecía recibir un mayor reconocimiento conforme los practicantes médicos reconocían y ponían más atención a aquellos problemas humanos que podían ser descritos sólo a través de una combinación del lenguaje psicológico de los sentimientos e intenciones con al lenguaje fisiológico de los órganos y células. Con esto vino una mayor consciencia de los síntomas asociados con los problemas psicológicos y sociales que yacían debajo de las enfermedades médicas. Desafortunadamente el concepto de la medicina psicosomática continuó su contienda contra la ola imperante de avances médicos en la cual se favorecía a la cada vez más refinada farmacoterapia y tratamientos quirúrgicos. El rol de la mente inconsciente permaneció elusivo. Hasta entonces, no existía una teoría médica para guiar la actividad de los clínicos trabajando terapéuticamente con los problemas mente-cuerpo. No obstante, emergió un acuerdo general que el estrés podía ser un contribuyente importante para ciertas enfermedades.

El estrés siembre había sido una construcción difícil de definir. Sabíamos que ocurría como consecuencia de cambios rápidos o repentinos en los principales patrones de las vidas de las personas, particularmente si los cambios tenían implicaciones importantes para su concepto del yo. Sin embargo, definir propiamente la construcción del estrés en el contexto de la terapia era difícil porque su impacto en la salud del individuo estaba basado en respuestas personales en vez de en las circunstancias externas. Era central para la reacción de estrés cómo los pacientes se percibían a sí mismos en sus situaciones. Cuando la valoración de demandas externas excedía su habilidad percibida para satisfacer sus necesidades físicas, personales y sociales, su modo de adaptación resultaba inadecuado y esto daría lugar al estrés.

En mi enseñanza clínica con estudiantes de pre-grado, comencé a usar cada vez más ejemplos de pacientes en donde el estado mental negativo del individuo había obstaculizado de forma significativa el estado inmune del cuerpo, y donde la desesperanza retardó la recuperación o aceleró la muerte. No obstante, alejarse del modelo biomédico y bioquímico no fue fácil. El entorno médico moderno no estimulaba la colocación de primacía en las emociones de un paciente, su sistema de creencias y actitudes como partes de un enfoque más holístico.

El nuevo paradigma de la 'salud holística' sostenía que la enfermedad orgánica es una reflexión directa de una aflicción emocional. Como consecuencia si pudiéramos curar la disfunción emocional a un nivel energético, el cuerpo se sanaría en última instancia a sí mismo. Permaneció difícil para los practicantes médicos imaginar que una intervención psicológica podía tener un impacto notorio en lo que aparentaban ser reacciones fisiológicas básicas. Aún así, por ejemplo, la investigación estableció que la utilización de técnicas de relajación, la visualización guiada y la bio-retroalimentación producía una reducción significativa en los síntomas de náusea típicamente encontrados en pacientes de cáncer sometidos a la quimioterapia.

Paradigmas de la Enfermedad

		CAUSA		EFECTO
Medicina Convencional	Factores Físicos: Genéticos, degenerativos inmunológicos, metabólicos, inflamatorios, endocrinos, neoplásticos, vasculares, etc.	(Estrés Extrínseco) →	Desorden Somático →	Síntoma
Salud Holística	Trauma emocional, Tensión psicológica, Crisis espiritual, Factores físicos.	→ Patrón de Estrés →	Desorden Somático →	Síntoma

1,2

Figura 1: Estrés y la Causalidad de la Enfermedad

Junto con el paradigma de la salud holística esta la creencia que la función corporal individual está intrincadamente entrelazada con la mente y espíritu. En términos poéticos, la música de la esencia personal necesita resonar con los reinos físicos, sociales, psicológicos y espirituales para así entretejer la rica tela de la vida. Cuando un individuo no puede reaccionar a una situación con la respuesta emocional apropiada, su cuerpo se moviliza en su lugar. Esto provoca el mecanismo de estrés y contribuye al desarrollo de muchas condiciones 'psicosomáticas'. Estas condiciones incluyen úlceras pépticas, hipertensión, migrañas, problemas cardiacos, etcétera; y representan una consecuencia física de la inhabilidad de la persona para manejar los aspectos sociales, psicológicos y emocionales de la vida. Frecuentemente el miedo mismo a una amenaza inminente puede suficiente para generar las mismas respuestas fisiológicas que la situación real misma.

En *The Creation of Health* Caroline Myss identifica ocho patrones de stress que surgen de tales disfunciones.[3] Estas incluyen problemas personales sin resolver, creencias y actitudes negativas, la inhabilidad para dar o recibir amor, dejarse ir a sí mismo, tomar decisiones efectivas, el descuido de necesidades físicas y la pérdida de significado en la vida. Algunos de estos patrones son discernibles en los estudios de caso descritos en las páginas a continuación.

Estudio de Caso 1 – Problemas Gástricos Intratables

Decidí embarcarme en mis estudios de hipnoterapia, y pronto me di cuenta que el resultado más gratificante del arte de la relajación y regresión era su asombroso potencial de sanación. Los pacientes con síntomas crónicos inexplicables mostraban una mejora dramática y, con frecuencia, curas completas, una vez que la base emocional del problema fue descubierta. A menudo la raíz del problema puede estar enterrada en la memoria inconsciente de una encarnación previa, como mi primera lección en la terapia de vidas pasadas me enseñaría.

Entre los estudiantes colegas en mi clase de hipnoterapia había una dama altamente sugestionable llamada Clarisse, quien resultó ser una influencia importante en la forma en que yo eventualmente percibí la sanación. Ella estaba en sus cuarentas tempranos y desde la edad de cinco años había estado sufriendo de un dolor penetrante y punzante en su abdomen superior. Esto estaba asociado con la sensación de punzadas por hambre. Su familia, viniendo de una historia de pobreza, no podía proporcionar suficiente comida a todos los miembros de la familia, y ella frecuentemente daría prioridad a sus hermanos. Por lo tanto tuvo que pasar hambre con frecuencia.

A través de los años la irregularidad de sus comidas había empeorado su dolor, el cual ella describía como 'prolongad, como si nunca se detuviera'. A la edad de 20 años se tomó una endoscopía gastrointestinal superior pero eso reveló apenas una leve inflamación del revestimiento duodenal sin ulceración péptica. El dolor permanecía severo y no respondió a las medicinas. Ella busco el consejo de un naturópata quien le recomendó que evitara el pan. Después de ajustar su dieta, experimentó un alivio parcial de los síntomas, pero el dolor epigástrico continuó siendo una persistente fuente de preocupación. Cuando se unió a la clase de hipnoterapia, ella estaba perturbada por su relación progresivamente en deterioro con su esposo, y estaba explorando una posible base metafísica para su predicamento.

Durante el taller ella fue voluntaria para la regresión a vidas pasadas, y se encontró en Japón a la edad de 34 años, se vio como una geisha en una vestimenta roja. No obstante, era una vida muy infeliz, llena de enojo y de tristeza. En otra vida pasada estaba ella en la ciudad de Chengdu en China, y por contraste fue una vida mucho más feliz y más glamorosa. Ella se encontraba portando un kimono Japonés con un patrón de una flor blanca, cargando una sombrilla y danzando sobre el escenario para una gran audiencia. Conforme el show terminó, ella hizo una reverencia y bajó del escenario con gracia, escoltada por guardaespaldas. Desafortunadamente su glamor artístico fue efímero. Su novio posesivo decidió que su belleza y encanto eran solamente de él y no podían ser compartidos con ningún otro hombre. Para asegurar su propiedad total de ella, él la apuñaló hasta la muerte. El cuchillo perforó su abdomen superior, en el mismo sitio donde ella había estado experimentando un dolor intratable en su vida actual. En el momento de su muerte, ella gritó en agonía: 'No quiero morir, soy demasiado joven.' Mientras estaba aún en trance, ella descubrió que su novio de la vida pasada era su esposo de la vida actual, y en los reinos espirituales ella tuvo que aprender el perdón.

Desde el día en que el dolor epigástrico de Clarisse desapareció, ella ha estado extremadamente agradecida al terapeuta quien hizo esto posible. Dos años después, cuando nos reconectamos, ella me confirmó que había permanecido totalmente sin dolor desde entonces. De manera igualmente milagrosa, su relación con su esposo había mejorado significativamente y había sido bendecida con gozo.

Esta experiencia me enseñó que la regresión es realmente sobre entendimiento y transformación. El cuerpo de un individuo les puede estar diciendo qué lecciones han de ser aprendidas para cambiar, pero la responsabilidad del proceso de la sanación recae en el paciente mismo. La medicación no puede retirar el dolor emocional o cualquier resentimiento que pueda estar rabiando dentro de él. La causa y efecto están relacionados tanto en un nivel físico como metafísico, y a través del tiempo y el espacio. Fundamentalmente en todos los estados hipnóticos, la distorsión del tiempo está presente, y no es difícil entender los vínculos causales que se extienden a través de eras y vidas. El propósito básico es determinar cómo la información colectada de una encarnación previa puede mejorar el bienestar del paciente en su vida actual. Sin importar si la historia de Clasisse es percibida genuinamente como una vida pasada o como un producto de su fértil imaginación actuando como una metáfora para sus conflictos internos, ésta reveló sus problemas centrales y le ayudó presentándole una lección que pudo exitosamente aplicar a su vida actual.

Cuando Clarisse me contactó dos años después de su tratamiento inicial fue para buscar ayuda mía como terapeuta. Como relaté arriba, la relación con su esposo había mejorado tremendamente y ella sentía una conexión de vidas pasadas con él. A pesar de que ya no tenía dolor epigástrico, estaba ahora perturbada por un alto nivel de acidez gástrica, indigestión y un ansia por la comida. Sus punzadas de hambre venían con frecuencia y tenía que comer cada dos horas para suprimir su malestar. La frecuencia de sus comidas le molestaba, y su síntoma de nuevo se resistía al tratamiento médico. Ella sentía como si estuviera albergando otro problema sin resolver y estaba dispuesta a llegar al fondo de ello.

Regresó a dos vidas pasadas, las cuales tenían una conexión significativa con su síntoma actual. En la primera ella nació en una familia nómada y fue efectivamente vendida en matrimonio al hijo de una familia adinerada a la edad de ocho años. Desafortunadamente fue abusada por su esposo y en un incidente fue golpeada con fuerza en el estómago. Luego un día su esposo salió un nunca volvió, dejándola sola y sin comida. Ella buscó a sus padres pero no pudo encontrarlos. Un príncipe con vestimentas árabes llegó y le dio comida, luego la llevó a su palacio y le pidió que se casara con él. Sin embargo, ella rechazó esta oferta porque se sentía indigna de él.

En la segunda vida pasada, Clarisse se encontró en Bulgaria, casada con otro príncipe. Esta ocasión el padre del príncipe no aprobaba su casamiento y quería que su hijo se casara con una princesa. Así que se le separó de su esposo por la fuerza aunque se amaban mutuamente. Luego se encontraron de nuevo y en esta ocasión dejaron el mundo exterior y se establecieron en la jungla, llevando una vida pacífica y plena. Tenían un hijo quien creció y dejó su casa para trabajar en la ciudad a la edad de 25 años, pero desafortunadamente nunca escucharon de él otra vez. Su esposo subsecuentemente murió cuando tenía 70 años. Eventualmente ella murió con decepción, enojo y confundida sobre por qué su hijo nunca volvió, aunque luego ella estableció que él había sido víctima de una pandilla y lo habían golpeado hasta la muerte. Después de su muerte, su cuerpo fue expuesto a animales salvajes que se comieron un área de su estómago. Ella incluso vio cómo un pájaro sacaba los intestinos de su abdomen y se iba volando con ellos. En el reino espiritual se dio cuenta que su hijo de la vida pasada era su esposo en su vida actual.

De acuerdo a Roger Woolger:[4] 'Una de las características notables de la terapia de vidas pasadas es que detrás de cada síntoma físico crónico que se resiste al tratamiento convencional es una vieja historia de desastre, privación o muerte violenta incrustada en el síntoma mismo.' Esto fue bien ejemplificado en el caso de Clarisse. Su cuerpo parecía estar inconscientemente guardando complejos profundamente enterrados. Pronto después de la sesión la llevé a un restaurante cercano para almorzar. Inmediatamente se dio cuenta que el síntoma problemático de la indigestión gástrica y el malestar habían cesado. Ella reflexionó y reconoció que sus vidas pasadas habían influenciado su comportamiento actual de dos maneras: (a) el reconocimiento de que los personajes de vidas pasadas estaban actuando como otras personas en la vida actual y (b) que su historia de la vida pasada estaba de alguna forma siendo re-escenificada en su vida actual y había permanecido inconclusa.

Cada vez que recuerdo la historia de Clarisse la siguiente cita de Caroline Myss resuena en mi cabeza:

Una premisa básica en el campo holístico es que la

enfermedad no ocurre aleatoriamente. Cada enfermedad o disfunción que una persona desarrolla es una indicación de un tipo específico de estrés emocional, psicológico o espiritual. Cada una de las características de una enfermedad, tal como su ubicación en el cuerpo físico, es simbólicamente importante.

Estudio de Caso 2 – Síndrome del Intestino Irritable

La revelación de que las impresiones psíquicas, emocionales y físicas sentadas en una vida pueden ser de alguna forma transmitidas a vidas futuras me despertó a un vasto y ampliamente desconocido territorio para la sanación. Interesantemente, el tracto gastrointestinal es muy sensible al estrés y es en ocasiones llamado 'el segundo cerebro'. Esto se debe a que contiene muchas terminaciones nerviosas y sus actividades involucran a las hormonas y a los transmisores neuroquímicos. Los laicos comúnmente hablan de 'corazonadas' (en inglés *gut feelings*, refiriéndose a la intuición emocional representada en las sensaciones del área intestinal), mientras los practicantes médicos siguen intrigados por la condición del Síndrome del Intestino Irritable (IBS por sus siglas en inglés). Este común desorden funcional está caracterizado por un dolor abdominal crónico, un malestar tremendo y una alteración de los movimientos intestinales, pero en ausencia de cualquier causa orgánica detectable. Sin importar la naturaleza del estrés, las víctimas del SII parecían tener un nivel de tolerancia menor y una reacción más incómoda a él.

El diagnóstico del SII está basado en los síntomas. La condición afecta a personas de maneras muy diferentes. Mientras algunos pacientes sólo ocasionalmente experimentan los síntomas, otros pueden experimentar diarrea severa y estreñimiento al punto en el que el estrés impacta muchas otras áreas de su vida. Los síntomas pueden variar en frecuencia e intensidad en el mismo individuo de día a día, y de mes en mes. El no saber lo que ocurrirá mañana es parte de la naturaleza frustrante de la enfermedad. La ciencia médica ha estado por un largo tiempo desconcertada por el problema, y lo mejor que la mayoría de los doctores pueden hacer es asegurar al paciente que la condición no pone su vida en peligro. Aunque los medicamentos pueden proporcionar un alivio parcial de los síntomas, no puede llegar a la raíz del problema.

En efecto, una de las primeras regresiones a vidas pasadas que conduje fue un ejemplo de cuán efectivas son en la eliminación del SII. Deborah era una señorita de edad media, ella misma era doctora, y había estado sufriendo de síntomas intratables de SII por muchos años. En la escuela solía experimentar altos niveles de estrés en sus exámenes, con un impulso asociado a correr al baño. Como una adulta ella experimentó calambres abdominales y sentía la el impulso de ir al baño cada vez que se encontraba bajo estrés. Los hallazgos en su colonoscopía fueron normales y su gastroenterólogo le dio el consejo estándar para su dieta, le dio medicamentos anti-diarreicos y antiespasmódicos como tratamiento.

Después de regresar de un viaje vacacional, Deborah experimentó ataques severos diarios de dolor abdominal y diarrea que fueron desencadenados por el pensamiento de la comida, de cenar en un restaurante lejos de casa, o de estar físicamente a distancia de un baño público.

En nuestra primera sesión ella regresó a una vida de una adolescente sin un centavo en harapos y sandalias, vagando sola en un mercado. Ella se dio cuenta que estaba embarazada y decidió abortar al niño, después de lo cual ella se llenó de remordimiento y progresivamente perdió su sentido de la vista. Fue una vida de miseria y sufrimiento. Ella vivió hasta los 80 años y en el punto de la muerte se sintió aliviada y cansada. En los reinos espirituales, se encontró con su niño para obtener perdón, y a emerger del trance ella me informó sobre la coincidencia de que su hijo en su vida actual tenga la vista dañada por una miopía severa, y se enfrentaba a la amenaza de un desprendimiento de retina inminente. La buena noticia era que Deborah disfrutó de cinco días sin dolor inmediatamente después de la sesión. Sus episodios de diarrea redujeron también significativamente.

En la segunda sesión ella regresó a la vida de un niño huérfano en la India. Su madre y su hermano más pequeño habían muerto en un accidente automovilístico mientras que su mejor amiga de la infancia, una niña china, había sido torturada hasta la muerte por unos policías. Habiendo enfrentado la pérdida emocional, él creció con un enojo extremo, y en sus veintes tempranos se vengó de los mismos policías suicidándose con una bomba. En el punto de su muerte su enojo la hizo resistirse al perdón, así que para ayudarle a encontrar paz interior, la llevé a un lugar de sanación. Hubo una significativa reducción en su nivel de ansiedad después de esta sesión y ella se tomó unas vacaciones en las Filipinas. También ocurrió que durante el viaje remó en canoa y se volcó, pero ella recuerda cuán calma se mantuvo durante la crisis. Ella se sorprendió de su tranquilidad durante una situación que ella describió como 'una de las más grandes pesadillas' de su vida.

En la tercera sesión Deborah destacó un síntoma diferente pero relacionado. Ella lo describió como 'ansiedad aeroportuaria' porque cada vez que viajaba a un aeropuerto o incluso el mero pensamiento de un aeropuerto le provocaba calambres abdominales severos y diarrea. Durante la regresión ella espontáneamente experimentó un flashback del fatal tsunami en diciembre del 2004, y regresó al momento en el que ella estaba viendo por televisión las grandes olas del tsunami golpear a las víctimas sacándolas de la costa de Tailandia. Conmocionada por la devastación, realmente quería ayudar a las víctimas pero su situación no le permitió unirse a la misión humanitaria. Un mes después ella y su esposo se fueron de vacaciones a Phuket, frente a la costa de Tailandia, y ella desarrolló un sentimiento de culpa porque ella capitalizó en las baratísimas tarifas de vuelo pos-tsunami. Ella estaba también bastante perturbada por el olor de la putrefacción de los cuerpos que se pudrían. Conforme nuestra sesión continuó, ella regresó a una escena de una vida pasada como una mujer en sus treintas. Ella estaba abordando un pequeño avión con un hombre, siendo el destino un hotel vacacional. El avión despegó, cruzó un poco de mar y se dirigía hacia una isla cuando de pronto la turbulencia causó que se estrellara y se incendiara. En sus momentos de muerte su preocupación inmediata era para sus dos niños, de siete y nueve años, a quienes ella había ignorado en gran parte como resultado de que viajara tan frecuentemente. En el reino espiritual ella buscó su perdón.

Deborah volvió para una cuarta sesión en la que regresó a una aldea Africana. Ella se encontraba como una mujer de 20 años quien tenía que cuidar de un esposo mentalmente enfermo y discapacitado y de media docena de niños. Ella tenía que vender vegetales en el mercado, cuidar de un bebé en llanto y cocinar para la familia, y se sentía altamente estresada. En su frustración y enojo, ella golpeó a su esposo en la cabeza, matándolo por accidente. Con un suspiro, se visualizó después al ser arrestada por los aldeanos por su crimen. Sus manos estaban atadas detrás de ella y estaba colocada en un campo abierto, donde la quemaron hasta su muerte. En el reino espiritual ella lamentó que no perseveró en su vida y en vez de ello tomó la salida fácil. Ella buscó perdón. Aún de manera más crucial ella comenzó a ver el mismo patrón en su vida actual, en la cual ella estaba experimentando una frustración similar con su esposo e hijos.

Después de esta cuarta sesión, los síntomas de Deborah de ansiedad aeroportuaria completamente se amainaron. Revisé con ella un año después y seguía libre de los síntomas de SII. Lo que había sido llevado de una vida a otra parecía ser un patrón que se había desarrollado de sus acciones, deseos y motivaciones, o lo que algunos podrán llamar 'karma'. Después de una repetida terapia de vidas pasadas se sintió más conectada con su plan de vida más amplio y con un sentido más fuerte de valores personales. Sus diferentes vidas parecían estar ligadas por un hilo en común, y su lección era valorar a los miembros de su familia y hacer lo mejor de las oportunidades de la vida.

Estudio de Caso 3 − Vértigo

Hay ocasiones en las que los síntomas inexplicables de los pacientes responden sólo parcialmente o son resistentes a la terapia de regresión. Una razón un tanto controversial para esto es la presencia de energía espiritual, intrusiva, desencarnada, que se ha adherido al paciente. Generalmente cuando una condición se impone por un espíritu desencarnado, la terapia de regresión por sí sola puede no eliminar el síntoma.[5]

Tannie había estado sufriendo de ansiedad y del síndrome de intestino irritable por los últimos diez años, con ataques de pánico ocasionales que la hicieron visitar la sala de emergencias del hospital repetidamente. Ella tenía problemas con su esposo, quien estaba incurriendo en deudas mientras ella tenía que seguir ganando suficiente dinero para pagar las cuentas. Hacía siete años ella había desarrollado tinnitus después de un viaje en avión, y hacía tres años ella había decidido tomar lecciones de Qigong (Energía de la fuerza de la vida) con la esperanza de curarla, pero desafortunadamente y por el contrario, empeoró. Al mismo tiempo, también desarrolló vértigo. Se sentía mareada y experimentaba una 'sensación de mecerse' como si estuviera 'cayendo de una montaña rusa'. Luego comenzó a experimentar una sensación inexplicable de 'una cola saliendo detrás de su cabeza' cuando ella giraba su cuello. Los especialistas médicos no pudieron detectar nada orgánicamente anormal con su sistema nervioso central y vestibular. Poco tiempo después ella comenzó a sufrir de insomnio también, y notó que sus problemas podían empeorar pre-menstrualmente. Adicionalmente ella comenzó a experimentar un patrón de sueños constante que siempre involucraba que ella buscara un baño.

Tannie fue a través de varias sesiones de hipnoterapia de relajación y a través de ellas aprendió cómo controlar su sensación de mareo visualizándose montando una bicicleta a manera de aprender el balance. Después de una renuencia inicial, también accedió a intentar la terapia de regresión, pero cuando se comentó la terapia de vidas pasadas ella rechazó la idea diciendo que ella tenía suficientes problemas en su vida actual.

En la primera sesión regresé a Tannie de vuelta a la edad de cuatro años, y ella se vio a sí misma con su hermana en un hospital visitando a su madre quien acababa de dar a luz a su hermano bebé. Ella entró en catarsis cuando vio a su madre y no podía entender por qué: 'Cuando veo a mi madre y a su bebé lloro. Sé que debería sentirme feliz, pero simplemente lloro.'

En medio de sus emociones, una historia cargada de culpabilidad emergió. La madre de Tannie murió cuando Tannie tenía 28 años. Tanto ella como su hermana mayor pasaban unas vacaciones en China al tiempo que su madre murió. Su hermana había estado lejos de casa ya por varios meses y su madre estaba esperando su regreso. Tannie se encontraba entre trabajos y decidió unirse a su hermana en el extranjero. Justo antes de que se fuera a China, su madre había sido declarada saludable después de una revisión de rutina. Una semana después Tannie recibió la noticia de la muerte de su madre por una insuficiencia cardiaca y se apresuró de vuelta a casa para el funeral. Ella dijo, 'estaba en shock. No podía creer que estaba muerta.' Aparentemente nunca superó la culpa. Bajo regresión pasó por la escena del funeral sintiendo que pudo haber pasado más tiempo con su madre.

Tannie experimentó una mejora significativa después de la primera regresión, y el problema del mareo mejoró. Su historia me recordó a las palabras de Charles Whitfield's en *Healing the Child Within*:[6]

> La culpa puede ser aliviada substancialmente al reconocer su presencia y trabajando en ella. Esto significa que la experimentamos, la comentamos con otros en quienes confiemos y sean apropiados. En su resolución más simple, podremos disculparnos con la persona a quien hemos dañado o engañado, y pedir su perdón. En sus formas más complejas, habremos de hablar sobre la culpa con mayor profundidad, con la persona o en terapia individual.

Un mes después Tannie regresó para una segunda sesión. Ella había sufrido un ataque de pánico mientras estaba dentro de un elevador engentado. Ella consultó a un doctor al día siguiente y se le prescribió un antidepresivo, pero el medicamento fracasó para ayudarla y en vez de ello precipitaba el insomnio.

> Dado que la sensación de 'mecerse' le seguía molestando, decidí hacer que se enfocara en la sensación y que fuera directo a la catarsis, regresando a lo que ella describió como el momento más oscuro de su vida. Esto fue cuando ella estaba yendo por primera vez a su clase de Qigong, después de lo cual desarrolló su mareo. Ella se visualizó sentándose en el

piso mientras el maestro Qigong caminaba alrededor. Ella sintió mucho miedo al pensar en la clase, en el entorno en penumbra del salón y del mismo maestro Qigong. Su corazón estaba latiendo rápido, su respiración era pesada y su cuerpo estaba temblando por la tensión.

Basado en estos síntomas extraños, en su voz temblorosa y en el miedo intenso en su rostro, sospeché que podía haber un espíritu desencarnado adherido a su cuerpo energético. Para su comodidad profundicé el estado de trance antes de iniciar un diálogo con la entidad desencarnada. Era una pequeña niña que no quería divulgar su nombre, pero ella había estado adherida al cuerpo de Tannie por los últimos tres años desde el inicio de sus clases de Qigong. Ella decía que su propósito era hacer que su anfitriona sufriera, pero no se dio ninguna razón.

Después de un poco de persuasión el espíritu desencarnado se echó a llorar y aceptó dejar el cuerpo de la anfitriona si era acompañada por su madre. Conforme ella se iba, la tensión física de Tannie rápidamente disminuyó.

Al emerger de su trance ella indicó que el momento en que la entidad se fue, ella sintió una alegría y relajación inconfundibles y repentinos.

Al fía siguiente, Tannie me escribió con deleite:

He tenido dolor de cabeza y un estómago hinchado desde que volví ayer, ¡pero la sensación de mecimiento se ha reducido mucho y mi mente nunca ha estado tan clara! Me siento muy relajada cuando camino.

Ocho meses después ella experimentó algo que pensó que fue asombroso. Estaba de vacaciones en Dubai y tuvo suficiente valentía para montar a camello por el desierto. Ella descubrió que podía superar el miedo a la sensación de mecimiento y sintió como si estuviera de vuelta a la normalidad.

Estudio de Caso 4 – Eczema e Hiperhidrosis

Thomas era un gerente de marketing de edad media quien había estado sufriendo de eczema de los dedos por los tres años anteriores. La condición tendía a estallar con estrés, pero notó que disminuía temporalmente cada vez que se iba de viaje, fuera de vacaciones o por negocios.

Al hacer que Thomas se enfocara en las emociones asociadas con esta condición espontáneamente regresó a un tiempo anterior en su vida cuando estaba solo en su habitación. Estaba evitando a sus padres y se sentía muy miserable. Luego Thomas atravesó varios rompimientos de relaciones y se culpaba a sí mismo por los fracasos. Fue enviado a China, y estaba lidiando con la presión conforme estaba cargando con el peso principal de las ventas de la compañía. En ese tiempo la salud de su padre se estaba deteriorando y su novia estaba esperando a que volviera para casarse. El eczema se desarrolló mientras él estaba sintiendo el estrés de intentar complacer a todos. Pronto el eczema empeoró, y no podía tocar las cosas cómodamente, se sentía 'como un leproso'. Llegaron emociones de enojo.

A través de la ayuda de la visualización guiada llevé a Thomas a un jardín de sanación e hice que visualizara la propiedades curativas de los arbustos, las flores y del estanque a su alrededor. Mientras se lavaba y se sumergía en la fuente de sanación experimentó un momento repentino de revelación sobre su lección de vida. En los últimos cinco años de su vida activa de negocios, él había estado continuamente empujando hacia delante y lidiando con el estrés, pero nunca se molestó en detenerse para dejar que su cuerpo se revitalizara y sanara.

Una semana después Thomas volvió y el eczema en sus dedos se había secado. Se sentía contento con la terapia y me pidió que mirara su otro problema de sudoración excesiva (hiperhidrosis). Esto había ocurrido por muchos años y empeoró cada vez que estaba bajo estrés. Para lidiar con ello, Thomas había estado prendiendo el aire acondicionado en su cuarto cada mañana cuando se levantaba. Sin embargo, para el momento en el que llegaba al estacionamiento su camisa estaría invariablemente mojada de sudor.

Thomas regresó a un tiempo en el que experimentó angustia emocional severa. Él revivió esos momentos estresantes de su vida cuando había tenido que lidiar con el ritmo acelerado del trabajo y el tempo rápido de la vida que había estado activamente creando para él mismo. Y de pronto se dio cuenta de cómo este estrés auto-inducido y auto-perpetuado trajo la sudoración excesiva a su vida.

Al día siguiente Thomas me informó emocionado que no tuvo que prender el aire acondicionado esa mañana mientras se estaba cambiando. También llegó al estacionamiento con una camisa seca. Una semana después cuando me reuní con él, me dijo que su sudoración había milagrosa y completamente cesado.

Resumen

La terapia de regresión tiene un potencial tremendo para sanar y transformar al paciente y hay una variedad de técnicas que pueden ser usadas. Pero el adquirir estas técnicas es sólo un aspecto para obtener mejores resultados con la terapia. Lo que también es importante para el terapeuta es llevar su compasión, amor, inspiración y experiencia de vida para formar parte del proceso por el beneficio del paciente.

En años recientes la medicina ha llegado a adoptar un enfoque hacia la persona entera en su entorno total, y una variedad de prácticas de sanación complementarias. La enfermedad está gradualmente siendo percibida como un cambio inconsciente en el cuerpo del individuo porque carecen de la valentía para mirar lo que no está funcionando en su vida. Este enfoque abarca la medicina humanística, de comportamiento e integrativa, e incluye una apreciación del paciente como un ser emocional, mental, social y espiritual, al igual que físico. Esta ruptura de paradigmas mejora la capacidad de los pacientes a moverse más allá de la enfermedad para encontrar una forma de vida que desarrolle su potencial como individuos emocionalmente balanceados, socialmente conectados y espiritualmente realizados. Respeta su capacidad para sanarse a sí mismos y los considera como compañeros activos en el cuidado de la salud, más que como receptores pasivos del mismo.

Sobre el Autor

Dr Peter Mack MBBS, FRCS(Ed), FRCS(G), PhD, MBA, MHlthEcon, MMEd

Peter es un cirujano general practicando en un hospital público por más de tres décadas en Singapur. Tiene un doctorado en ciencias médicas y tres grados de maestría en administración de empresas, economía de la salud y educación médica. También es un hipnoterapeuta certificado con un Diploma en Terapia de Regresión. Peter es el autor de los libros *Healing Deep Hurt Within* y *Life Changing Moments in Inner Healing*. Es un miembro fundador de la *Society for Medical Advance and Research with Regression Therapy*. Los lectores que deseen contactarlo, lo podrán hacer a esta dirección de email: *dr02162h@yahoo.com.sg.*

Referencias

1. Carey, M.P., & Burish, T.G., *Etiology and Treatment of the Psychological Side Effects Associated with Cancer Chemotherapy: A Critical Review and Discussion.* Psychological Bulletin, 104, 307–325. 1988.
2. Burish, T.G., & Jenkins, R.A., *Effectiveness of Biofeedback and Relaxation Training in Reducing the Side Effects of Cancer Chemotherapy.* Health Psychology, 11, 17–23, 1992.
3. Myss, C., & Shealy, N., *The Creation of Health – The Emotional, Psychological and Spiritual Responses that Promote Health and Healing.* Bantam Books, 1988.
4. Woolger, R., *Other Lives, Other Selves. A Jungian Psychotherapist Discovers Past Lives.* Bantam Books, 1988.
5. Ireland-Frey, L., *Freeing the Captives.* Hampton Roads Publishing Company, 1999.
6. Whitfield. C., *Healing the Child Within.* Health Communications, Inc. 2006.

5

Trabajo con Clientes Difíciles

Tatjana Radovanovic Küchler

*Concédeme la serenidad para aceptar
las cosas que no puedo cambiar
la valentía para cambiar las cosas que puedo
y la sabiduría para saber la diferencia.*

Dr. Reinhold Niebuhr

Introducción

He estado practicando hipnoterapia profesionalmente desde el 2004 y la he enseñado desde el 2006. Desde mi infancia me sentí atraída a las vidas pasadas y luego a la terapia de regresión. Pero primero necesitaba aprender todo lo que pudiera sobre la hipnoterapia. En uno de estos talleres aprendí cuán poderoso es regresar a las personas a la causa raíz de su problema en su vida actual, y lo usaba exitosamente en mi práctica de terapia. En otro taller se introdujo la regresión a vidas pasadas y supe que esto era algo de lo que quería aprender más. Se me dio el eslabón faltante, y las herramientas valiosas que necesitaba, y esto ha hecho mi trabajo mucho más profundo.

Recibo a clientes en mi consultorio en Ginebra, pero muchos

no están abiertos a la hipnoterapia y la regresión. Algunos son naturalmente analíticos, mientras con otros, por su procedencia cultural, no están 'abiertos'. Así que he desarrollado algunos métodos para lidiar con estos llamados clientes 'difíciles'. No obstante, no cubro a aquellos clientes que tienen problemas mentales serios. Creo que deberían ser dejados a terapeutas experimentados que tienen un entrenamiento especial para lidiar con ellos. Como te podrás imaginar no estoy proporcionando aquí una lista de recetas que puedes seguir con cada tema difícil. En vez de ello, mi objetivo es darte ideas y quizás estimular tu imaginación para que sepas cómo podrías lidiar con ellas.

Así que, ¿qué exactamente es un cliente difícil? ¿Quizás es meramente cuando el ego del terapeuta es herido porque el cliente no responde como se esperaba, o cuando el terapeuta es incapaz de ayudar? ¿O será cuando el cliente tiene miedo de que el enfoque del terapeuta no funcione? En ocasiones es un poco de todo.

Especialmente para un nuevo terapeuta puede ser frustrante trabajar con clientes difíciles y analíticos. Me enfrenté a estas dificultades y he aprendido que muchos colegas en este campo tienen complicaciones al lidiar con ellos también. Una perspectiva positiva puede ayudar. Se pueden ver como retos, y un 'guiño' del universo para ayudarte a convertirte realmente en un buen terapeuta. Sobre todo ser positivo influirá considerablemente en el resultado. He aprendido mucho de clientes difíciles, aunque fueron en ocasiones realmente todo un reto.

Todos los clientes son individuos únicos y no hay dos problemas que puedan ser resueltos de exactamente la misma manera. Así que por favor sé consciente que posiblemente tendrás que adaptarte a todos y cada uno de tus clientes. Algunas personas permanecen 'difíciles' sin importar lo que hagas o qué tan habilidoso seas. Lo importante aquí es no dejar que se haga personal y no ponerse a la defensiva. En ocasiones los clientes no tienen idea de que son difíciles y más bien pensarán que el problema es que tú no sabes cómo lidiar con ellos.

Clientes Distantes e Inaccesibles

Cuando me encuentro con personas que son distantes e inaccesibles me abro a ellos para 'sentir' su problema. No estoy diciendo que tienes que llevar a bordo todo el agobio de sus dificultades. Sólo los dejo 'ser' y les permito enviarme todos los mensajes en todos los niveles de comunicación. Puede ser físico, energético, kinestésico, visual o auditivo. Puede ser que estén asustados y que su comportamiento sea simplemente una forma de lidiar con la situación difícil. Les permito hablarme y las reacciones que obtengo me dan bastante información sobre sus sentimientos.

Para hacer esto tienes que pedir permiso para recibir información intuitiva del cliente. Usualmente determino la intención antes de comenzar el trabajo en mis meditaciones diarias pero lo refuerzo durante la sesión si noto que la 'comunicación' está bloqueada. Me digo a mí misma: 'Por favor abre mi campo energético y permíteme percibir información en todos los niveles de comunicación, para ser capaz ayudar al cliente de la mejor manera posible para su más alto bien.'

Si dejas que ocurra y 'sientes su dolor' puedes sorprenderte de cómo el cliente se abre. Una vez que la sesión se termina, están frecuentemente muy normales y relajados, su arrogancia y otros comportamientos habiendo sido despojados – ¡aunque no estés consciente de haber hecho algo especial!

Esto también te ayudará para estar en rapport con el cliente y de permitirá preguntar todas las preguntas correctas para ayudarles a superar su problema. Pero cuando la sesión se termine, asegúrate de cortar el vínculo energético con el cliente. Esto se puede hacer determinando la intención o pidiendo a tus guías que lo corten con amor y perdón. Esto te ayudará a estar 'abierto' al siguiente cliente y a despegarte de la energía del cliente anterior.

Clientes Resistentes

Si siento que un cliente es resistente o bloqueante, le preguntaré de la manera más directa que pueda, si está realmente listo para resolver su problema. Si acepta, también le preguntaré si está listo para cumplir la terapia que propongo, y para hacer lo que sea necesario para hacer que la terapia funcione. Esto se puede hacer en cualquier momento cuando parezca ser apropiado. De alguna manera es un contrato verbal en el que ellos dan su consentimiento para seguirme. También les da la oportunidad de irse si no están listos para trabajar en su problema. Yo creo que no es útil trabajar en algo juntos si uno de los participantes no está listo. Esto ha creado un gran rapport para mí en el pasado y los clientes difíciles se han vuelto mucho más fáciles de trabajar.

Explicación de la Hipnosis y la Regresión

La hipnosis es un mundo escalofriante cargado de concepciones erróneas, incluso comenzando por la palabra misma, la cual significa 'adormecer'. Frecuentemente uso la hipnosis como parte del proceso de regresión. En ocasiones las personas tienen concepciones erróneas sobre lo que la hipnosis es. Frecuentemente vienen con ideas que pueden haber visto en la televisión, que leyeron en libros o que vieron en el internet. El observador puede tener la impresión de que un trance hipnótico es un estado inconsciente de la mente como un estado de sueño. También puede parecer que un sujeto en trance está respondiendo a los comandos del hipnotista sin ninguna voluntad propia. De manera alternativa algunos tienen la expectativa de que una regresión a una vida pasada será tan real que se pueden quedar atorados en ella.

Estas concepciones erróneas no son útiles porque posteriormente el cliente puede pensar que no estaban en hipnosis, o que la vida pasada no fue real, y así decepcionarse porque la sesión no cumplió con sus expectativas. Podrán simplemente no estar conscientes de que han estado en trance o que las imágenes que vieron vinieron en efecto de una vida pasada. Una vida pasada puede ser percibida vívidamente por algunos, pero no a todos les llegan las imágenes.

Lo más importante es informar al cliente sobre la hipnosis y la regresión y hacerle saber exactamente qué esperar, dándole ejemplos con los que se pueda identificar. Es útil para ellos si se sienten seguros de que pueden hacerlo. Recuerda cómo te sentiste cuando experimentaste una sesión de hipnosis o una regresión. Puedes haber tenido miedo de no ser capaz de alcanzar un estado hipnótico, o de no ser capaz de regresar a algo significativo. Se necesita un buen rapport y mucha confianza del terapeuta para tener una buena sesión, y esto viene de un ajuste de expectativas. Aquí hay una explicación que les doy a mis clientes:

> La hipnosis es un estado que la gente experimenta diariamente. La gente naturalmente entra y sale de trance todo el tiempo. Esto ocurre cuando una persona llega aun destino en coche o a pie y no se dio cuenta de los lugares que atravesó o los eventos en el camino. Esto se debe a que han hecho el viaje tantas veces que no necesitan pensar en él conscientemente. Podemos considerar todas las cosas que hacemos automáticamente como un estado de hipnosis.
>
> Cuando las personas están en trance, las sugestiones son

fácilmente aceptadas por el inconsciente. Por ejemplo, alguien me dijo una vez que tengo una enorme bolsa y cómo me era posible encontrar mis cosas ahí. ¡Desde entonces, cuando busco algo, tengo que esforzarme demasiado y en ocasiones no encuentro mis llaves o el boleto del estacionamiento! ¿Por qué sucede esto? La sugestión llegó a mi mente inconsciente y aunque es correcto que usualmente me gusta tener bolsas grandes, acepté el resto de la sugestión también.

El poder de la hipnosis con mayor profundidad puede ser demostrado con la profesión médica, que puede usar el trance cuando realiza cirugías como un anestésico alternativo. La gente no siente el dolor de la cirugía en trance profundo y se logra una recuperación mucho más rápida. Esto también puede ocurrir espontáneamente en accidentes. Podemos entrar en trance con la conmoción de un accidente, tal como al golpearnos una rodilla, y luego no darnos cuenta de que nos lastimamos hasta después.

Con estos tipos de trance natural la gente está consciente de sus alrededores y son capaces de escuchar todo lo que está sucediendo. Lo mismo ocurre dentro de una sesión de hipnosis. Siempre estarás consciente de las palabras que se te dicen y de la presencia de tus pensamientos. Podrás tener ciclos en los que entras a niveles más ligeros y luego niveles más profundos dentro de la sesión.

La regresión se puede experimentar en algunos casos más en un nivel físico, y alguno podrán ver imágenes como en las películas. Otros tienden simplemente a sentir o a 'saber' lo que les está ocurriendo.

Es útil saber que las personas recuerdan eventos por asociación emocional. Puedes haber oído una canción en el radio que te recordaba a un evento particular en tu vida. Esto desencadena toda clase de memorias que aparecen con gran detalle. Podrás recordar dónde estabas, lo que hiciste y con quién estabas en ese momento. El disparador puede ser un sonido o un olor. Tuve a un cliente en particular que se sentía mal cada vez que olía la lavanda. En una regresión recordó una vida pasada en donde la lavanda era usada como un antiséptico durante el tiempo de la plaga.

De la misma manera usaremos tu problema para asociarlo con una memoria en el pasado. Podrás no ser capaz de recordarlo ahora, pero cuando usamos las asociaciones y técnicas correctas lo harás. En ocasiones la gente puede simplemente saber a qué se relaciona el problema, quizás sabiéndolo viene de una vida pasada. ¿Cómo están seguros de ello? Es un saber, una intuición, y la regresión ocurrirá sobre esas líneas. Mantente abierto y confía en cualquier cosa que aparezca. No hay correcto o incorrecto y yo te ayudaré con lo que sea que experimentes.

Pruebas de Susceptibilidad

En algunos casos es útil ir más allá de una explicación de la hipnosis. Las pruebas de susceptibilidad a la hipnosis pueden ser usadas para convencer al cliente de que es hipnotizable, y también para convencerlo de que está en un estado de hipnosis. Mucha gente, particularmente clientes analíticos, entrarán en un trance mucho más profundo después de una prueba de susceptibilidad porque les da una idea de lo que la hipnosis es, y también confirma que pueden entrar en un estado hipnótico fácilmente.

El Limón

Pide al cliente que se imagine cortando un limón a la mitad y permitiendo que el jugo gotee en su boca. Si lo imaginan, habrá una reacción física de saliva acumulándose en su boca. Vale la pena indicar que físicamente no tiene un limón, pero es aún capaz de reproducir una reacción física espontáneamente.

El Libro y el Globo

Haz que el cliente imagine un libro pesado en una mano y un gran globo lleno de helio amarrado a la otra, con sus brazos extendidos. Con sus ojos cerrados dale sugestiones de que la mano con el libro se está haciendo más pesada y que la otra mano con el globo se está haciendo más ligera. Después de unos segundos sentirán que el brazo con el libro se hace más pesado y se moverá hacia el piso, mientras que la otra mano con el globo se sentirá más ligera y se elevará hacia el techo. Lo importante es indicar que sienten la pesadez o la ligereza en su brazo, lo cual significa que estaban en trance para aceptar tus sugestiones.

Párpados Fijos

Haz que el cliente mire tu dedo, el cual deberá empezar estando alrededor de 12 pulgadas en frente de su cara. Dile que cierre sus ojos, pero que siga 'mirando' tu dedo. Luego mueve tu dedo hacia delante y colócalo en su entrecejo. Dile que continúe enfocando sus ojos firmemente en tu dedo, y que sus párpados están cerrándose como si estuvieran pegados por un súper pegamento. Dile que siga mirando tu dedo a través de esos ojos bien cerrados conforme lo mueves a la cima de su frente. Dado que es físicamente imposible que abrir los ojos cuando están girados hacia arriba, cuando les digas que abran sus ojos no podrán hacerlo, y creerán que están realmente cerrados con súper pegamento.

Dedos Magnéticos

Pide al cliente que entrelace los dedos de ambas manos, pero con los dedos índice elevados con alrededor de 1.5 pulgadas de separación. Dale la instrucción que se enfoque en el espacio entre ellos, y que mire conforme inexorablemente se cierra mientras sus dedos se juntan como imanes. Si se está resistiendo, continúa reforzando la sugestión de que sus dedos se acercan más y más, con un a atracción magnética más y más fuerte. Es útil mostrar a tu cliente lo que quieres que hagan, porque cuando se sostienen en esa posición los músculos en los dedos índice se cansarán naturalmente y se relajarán el uno hacia el otro.

Inducciones Rápidas

Algunos sujetos pueden ser extremadamente analíticos y pueden necesitar diferentes tipos de inducción. Un buen hipnoterapeuta necesita tener una variedad que pueda usar y adaptar a clientes diferentes. Los scripts de confusión pueden ser usados pero personalmente me parece que la inducción rápida lleva a los clientes analíticos más rápidamente a la profundidad deseada. Una de mis inducciones favoritas es una variación del trabajo de Dave Elman:

> **Sólo relájate y toma algunas respiraciones profundas ...ahora me gustaría que giraras tus ojos hacia arriba, hacia sus cuencas sin inclinar tu cabeza ... muy bien ... ahora fija tu mirada en algún punto en el techo/muro ... excelente ... y simplemente enfócate en ese punto y concéntrate en tu respiración ... dentro ... y fuera ... gentilmente y relajado ... muy bien.**
>
> **En un momento tus ojos se cansarán y ese punto en el techo/muro se va a ver borroso ... y cuando eso ocurra**

quiero que cierres tus ojos y te relajes ... espera un momento **muy bien.**

En un momento te voy a decir que abras y cierres tus ojos varias veces ... y cada vez que los cierres te sentirás el doble de relajado, con el doble de profundidad ... y cada vez que intentes abrirlos será más y más difícil ... bien.

Así que abre tus ojos ahora ... y ciérralos de nuevo ... y simplemente siéntete el doble de relajado, el doble de cómodo ... nota lo bien que se siente **... y ahora abre tus ojos de nuevo ... y ciérralos otra vez ...** repite tantas veces sea necesario, usualmente son 3 en total **muy bien ... lo estás haciendo muy bien.**

En un momento voy a levantar tu mano de la muñeca ... no me ayudes a levantarla ... Simplemente deja que tu brazo sea tan pesado como el plomo ... y déjame a mí levantarlo ... El terapeuta necesita levantar la mano de la muñeca, di, '**No, deja tu mano ir completamente ... déjala floja y suelta'** y sacude la mano hasta que se vuelva floja y suelta. **... muy bien ... está floja y pesada ... y cando la deje caer sobre tu regazo ... te permitirás sentirte 10 veces más profundamente relajado ... así ... bien hecho ... ahora estás físicamente relajado ... te ayudaremos a sentirte mentalmente relajado también ...**

En un momento te pediré que comiences a contar desde el número 99 ... y conforme cuentas suave y lentamente cada número ... duplicarás tu relajación mental ... y deja que los números desaparezcan en tu mente... quizás en el número 98 ... o 97 ... esos números se esfumarán de tu mente ... y tendrás una hermosa y profunda relajación mental ... Y si quieres que así sea ... una vez que esos números se hayan ido ... levanta tu dedo índice para hacerme saber que los número se han ido ... y ahora

empieza a contar suave y lentamente ... haz un énfasis vocal en las palabras suave y lentamente.

Conforme el cliente comienza a contar, entre cada cuenta añade sugestiones.

... duplica tu relajación mental ...

... vuelve a duplicarla conforme cuentas más despacio ...

... permite que esos números ahora se desvanezcan ...

... ya no son importantes ...

... permite que se desvanezcan de tu mente ...

Espera a que el cliente levante el dedo índice. Puede ocurrir muy rápido. Si va más allá del 95, dile firmemente que los números se han ido ahora.

Bien, todos los números se han ido ya y tú estás en un profundo estado de hipnosis ... físicamente relajado ... y mentalmente relajado.

Añade cualquier profundizador de tu preferencia.

Inducciones Espontáneas

Algunos clientes requerirán algo aún más veloz, y eso es una inducción espontánea (o instantánea). Mientras una inducción rápida tomará entre tres y cinco minutos, una inducción espontánea tomará típicamente menos de treinta segundos. No le da tiempo al cliente de pensar sobre lo que está ocurriendo. Al causar confusión, conmoción y una pérdida de la sensación de balance, sus sentidos y medios cognitivos repentinamente se sobrecargan, llevando a un trance de disociación.

Dedo a la Frente

Este es uno de mis favoritos, y es una variación de la prueba de 'párpados fijos' que repasamos antes. El cliente necesita estar sentado en una silla de manera vertical con las manos descansando en sobre sus piernas. El terapeuta se sienta frente al cliente o puede estar parado, sosteniendo su dedo índice a varias pulgadas frente a sus ojos. Obtén permiso del cliente de tocar su frente antes de comenzar y luego procede de la siguiente manera:

Sigue el movimiento de mi dedo con tus ojos ... Mueve tu dedo hacia su frente. Una vez que tu dedo se halle cerca el cliente frecuentemente cerrará sus ojos automáticamente. Si no es así, simplemente pídele que los cierre. **Sigue mirando con tus ojos cerrados al punto en donde toque tu frente ...** Tócalo en la frente ligeramente. **Mientras lo haces, intenta abrir tus ojos ... No podrás abrirlos ... se quedan bien cerrados ... mientras más intentas, más se cierran ... deja de intentar ahora y permítete ir más profundo.**

Necesitas asegurarte de que el cliente realmente esté intentando abrir sus ojos. Luego empuja su cabeza ligeramente con tu dedo índice, apoyándola con la otra mano por el cuello para que no caiga demasiado hacia atrás. **No me permitas empujar tu cabeza demasiado ...** En ese momento el cliente dirigirá mayor resistencia a tu dedo índice. Asegúrate de que lo están haciendo empujando su cabeza hacia tu dedo índice por atrás. Eso es crucial, ya que dará la impresión de que pierde balance una vez que lo sueltas. ¡Naturalmente dejará caer su cabeza hacia delante cuando quites el dedo! **En un momento contaré de uno a tres ... y a la cuenta de tres irás a un estado más profundo de hipnosis ... uno ... dos ... tres.**

A la cuenta de tres deja al dedo índice caer, y da un pequeño empujón a la nuca del cliente mientras atrapas la frente del cliente con tu otra mano enfrente. En ese momento di **¡Duerme!** Luego inmediatamente usa las sugestiones de profundización de tu preferencia para llevar al cliente más profundo en trance.

Aquí hay un ejemplo de cómo usé esta técnica con un cliente muy difícil:

> Víctor había experimentado hipnosis durante un show y quería replicarla y aprender cómo hacer auto-hipnosis. Había acudido previamente a varios terapeutas si éxito. En el escenario había experimentado una inducción llamada 'la inducción del balanceo hacia delante y hacia atrás'. Pude haberla usado pero habría sido difícil por la diferencia de altura entre él y yo. No obstante, le dije que yo tenía otras inducciones que lo llevarían a una hipnosis profunda.
>
> Comencé con la inducción de Elman pero después de algunos minutos Víctor dijo, 'Lo siento, no estoy hipnotizado'. Esta no fue una buena señal, así que le dije que abriera sus ojos y le expliqué que tenía otra inducción adecuada para él. Hice la inducción rápida. Estaba hipnotizado tan pronto dejé caer mi dedo índice. Le di la sugestión de que cuando usara la palabra 'duerme' inmediatamente cerraría sus ojos y volvería a ese estado. Usando el fraccionamiento hice que abriera y cerrara sus ojos con esta sugestión varias veces hasta que estaba segura de que estaba anclada. Procedí con la sesión, enseñándole la auto-hipnosis. Cuando salió del trance, Víctor estaba asombrado de que no pudo abrir sus ojos durante la sesión y estaba convencido de que había experimentado hipnosis.

Esto funciona particularmente bien en personas que son impacientes como Víctor y en individuos que son analíticos. No les da la oportunidad de pensar, y generalmente están en hipnosis tan rápido que están demasiado sobresaltados para analizarlo. Como se mencionó antes, es importante profundizar la hipnosis de inmediato, de lo contrario el cliente saldrá del trance tan rápido como entró en él.

Si quisieras usar esta inducción tendrás que practicarla antes para coordinar las interacciones del cliente y el script. No es uno en los que el terapeuta se puede sentar y leérselo al cliente. En mis clases los estudiantes siempre se asombran de lo bien que trabaja y, una vez que lo han aprendido y lo dominan, no quieren volver a las inducciones extensas.

Cuenta Abreviada

Otra inducción espontánea involucra hacer lo inesperado:

Quiero que mires mi dedo, y conforme lo miras quiero que cuentes del uno al cinco ... Cuando el cliente llegue apenas a 3 o 4, permite que el cliente aún mire tu dedo y trae rápidamente tu otra mano de abajo por detrás de su cabeza y di **¡Duerme!** con una voz firme y luego gentil, pero firmemente empuja al cliente hacia delante o los lados.

De nuevo, inmediatamente continúa con el profundizador de tu elección. Y de igual forma necesitarás practicar esto antes de intentarlo con un cliente.

Con cualquier inducción espontánea, si no se logra el trance como se espera, se puede hacer un cambio a la inducción de Elman y el cliente no lo sabrá.

Emociones Bloqueadas

En ocasiones los clientes entran en trance pero aún así no pueden regresar o dejar sus emociones ir. En nuestra sociedad hemos aprendido ha contenerlas y algunos clientes han aprendido esto demasiado bien. Con frecuencia las personas vienen conmigo con un problema y han visto a todo tipo de terapeutas pero sus emociones han permanecido encerradas a salvo, imposibilitando de trabajar con ellas.

El Puente de Afecto

La manera más fácil de regresar a un cliente bloqueado a su vida presente o pasada es vía un puente de afecto. Con esto el individuo está hablando sobre su problema durante la entrevista inicial y las emociones surgen mientras lo está explicando. Un estado emocional es ya un estado hipnótico, así que no hay necesidad de una inducción formal. Nadie estará ansioso de ir a un evento en el que experimentó dolor, así que el terapeuta necesita ser firme al regresar al cliente. Haz que cierre sus ojos y deja que te cuente la historia exactamente como si fuera en el tiempo presente mientras lo guías a través de los eventos. Puedes también pedirle al cliente que vaya a la peor parte del evento para ayudarle a sacar emociones atoradas. Después de eso podrás necesitar pedirle que vaya al punto en el cual experimentó la sensación por primera vez.

El siguiente script es útil para llevar al cliente a la vida actual o a una vida pasada cuando no aparece ningún sentimiento durante la entrevista. Después de una breve inducción di:

Estás ahora en un profundo estado de hipnosis ... tan profundo que te vuelves más consciente de cualquier sensación ... y sentimiento ... ya que te encuentras en este estado profundo de hipnosis te puedes hacer mucho más consciente de ello ... Quizás te puedes dar más cuenta de ciertos sentimientos ... y sensaciones en tu cuerpo ...

simplemente poniendo tu atención en ello ... Date cuenta de tus manos ... quizás una mano se siente más caliente que la otra ... o una mano se siente más fría que la otra ... y esa sensación de permite ir más profundo ... y conforme vas más profundo ... cada pensamiento te lleva aún más profundo ... y más a conectarte más con tus sentimientos ... cada latido de tu corazón te lleva más profundo ... y ya que estás tan conectado ... te das cuenta del sentimiento o sensación que te trajo aquí hoy ... ya que estás tan profundamente en hipnosis te das cuenta de ello ahora ... muy claramente en tu cuerpo ... se vuelve más fuerte con cada una de las respiraciones que tomas ... y eres ahora capaz de sentir esta emoción o sensación en tu cuerpo.

Dime dónde en tu cuerpo se encuentra esta sensación ahora. Da tiempo para que el cliente responda. Puede ser en el pecho, en el estómago, en las piernas, etc. **Enfócate en ese sentimiento en tu ____ ... y en un momento contaré del uno al cinco ... y a la cuenta de cinco estarás en el punto en el que lo experimentaste por primera vez en tu vida actual ... o en una vida pasada ... 1 ... el sentimiento en tu ____ se está haciendo más y más fuerte ... 2 ... este sentimiento en tu ____ está más y más presente y te lleva al punto en el que lo experimentaste por primera vez ... 3 ... podrás ya ver imágenes en tu vida actual o pasada ... 4 ... la sensación en tu ____ se hace más y más fuerte ... 5 ... ¡ve ahí ahora!** También puedes aplicar presión donde el cliente sienta las emociones para poner el enfoque en ello, mientras cuentas.

Aquí hay un ejemplo del uso de un puente de afecto con un cliente:

> Marie inicialmente me vino a ver sobre un miedo inexplicable a manejar. Ella había tenido su licencia de conducir por más

de 20 años pero era incapaz de manejar un coche por el estrés que le causaba. Su marido le había comprado un 4x4, pero ella tenía demasiada ansiedad para manejarlo, y lo había usado solamente dos veces para visitar a sus padres. Antes de cada viaje tenía una semana de trastornos del sueño y nerviosismo. Le pregunté cómo se sentía cuando manejaba un coche. No fue capaz de darme una respuesta, apartando las memorias emocionales.

Pero después de que había usado el script de arriba respondió: 'No puedo mover mis piernas, se sienten como que estuvieran anestesiadas ... estoy en una mesa de operación ... Dios mío, están abriendo mis piernas ... tengo apenas cuatro años de edad ... estoy gritando y la enfermera está sosteniendo mis piernas separadas ... me duelen mucho ... me duele mucho la vagina ... tienen que introducir algo ... es muy doloroso ... (llorando) no me puedo controlar ... no puedo controlar mis piernas.'

Marie había viajado en coche desde su poblado, el cual estaba a 150km del hospital. Ella tenía que ver al doctor, quien realizó una cirugía relativamente pequeña varias veces cuando ella tenía cuatro años. Cada vez era el mismo procedimiento quirúrgico perdurable y doloroso, y todas y cada una de las veces ella tenía miedo mientras viajaba en el coche con sus padres. Nadie le explicó a esa niña de cuatro años por qué tenía que soportar esa cirugía. Una vez que la causa raíz fue desenterrada ella inmediatamente recobró una circulación energética en sus piernas, y fue capaz de manejar su coche sin el miedo previo.

Este tipo de puenteo a una regresión funciona bien incluso si el cliente tiene emociones bloqueadas y no sabe conscientemente en dónde se encuentra la 'emoción'. Había previamente preguntado a Marie en la entrevista en dónde sentía su emoción, y ella dijo que el miedo estaba en todos lados. Había dado una pista cuando dijo que no podía entender cómo la gente que manejaba un coche podía mantener el control sobre sus piernas. Tomé una nota de ello pero pasé por alto su importancia. Sólo tuvo sentido después de que terminó su regresión.

Confrontación de un Personaje de la Vida Actual

Como se mencionó antes, algunas personas son muy buenas conteniendo sus emociones y esto es usualmente un mecanismo de defensa. La técnica a continuación es una variación de un puente de afecto. Usa una 'confrontación' entre el cliente y un personaje de la vida actual al principio de la regresión.

El terapeuta necesita estar muy atento cuando el cliente explica su historia, ya que con frecuencia se dan pistas sobre las personas que estaban involucradas en un conflicto. Esas pistas pueden ser muy útiles. Una pista puede ser que se reúsa a hablar sobre el ofensor, como es frecuente en el caso de abuso sexual.

Para confrontarlos al principio de la sesión intensificas las emociones y luego usas eso para puentearlos a un evento de su vida pasada o actual. Aquí hay un ejemplo en donde esta técnica funcionó bien:

> Isabelle experimentó abuso sexual de su abuelo y había trabajado en ello con un psicoterapeuta. Ella era una joven mujer, muy suave en el habla, apenas haciéndose notar. Ella me dijo sobre el abuso y su falta de confianza. Trabajaba con adolescentes con dificultades, particularmente aquellos que mostraban mucha agresión. Ella era ampliamente incapaz de lidiar con ellos y quería ser más asertiva.
>
> Conforme progresamos entró en trance, pero fue incapaz de acceder a cualquier memoria del pasado. No pasaba nada – era simplemente ver negro sin emociones aparentes. Cuando esto

ocurre con clientes, es frecuentemente miedo a entrar en una memoria, o la creencia de que el pensamiento que viene no tiene importancia.

Ya que había sido sexualmente abusada, le pregunté durante la entrevista quién había sido. Ella titubeó al pronunciar el nombre y la relación con el ofensor, su abuelo. Sugerí que creara un lugar seguro en el cual ella pudiera intuitivamente encontrarse con él y entrar en diálogo. Se le pidió que imaginara un plexiglás irrompible alrededor de ella para su seguridad. Incluso antes de que pudiéramos comenzar el diálogo ella empezó a temblar y a llorar, y usamos esto para regresarla al origen. Fue a una vida pasada en donde fue violada. Una vez que esto había sido limpiado, ella fue a su vida actual, a cuando era niña y trabajamos el abuso. Obviamente una sesión no fue suficiente, tuvimos varias sesiones, cada una liberando capas, hasta que fue capaz de pararse frente a su abuelo en su lugar seguro y confrontarlo sobre el pasado. Esto le dio las herramientas necesarias para lidiar con los adolescentes agresivos en el trabajo.

En este caso específico el cliente necesitaba muchísima ayuda para confrontar al ofensor y liberar sus emociones. Isabelle no quería hablar sobre el abuso, ya que sentía que ya había trabajado con su psicoterapeuta en ese problema. No vio ningún vínculo entre el abuso y su falta de asertividad. Por lo tanto yo no quería explorar el abuso en su vida actual de inmediato, sino usar la confrontación con su abuelo para llegar al origen en una vida pasada. Esta es una buena forma de sacar una emoción que se encuentra profundamente enterrada.

Lo que la Emoción nos está Diciendo

Hay otra manera de trabajar con emociones bloqueadas. Paraa ayudar a liberarlas es útil para el terapeuta entender el pensamiento asociado con la emoción. Por ejemplo, la tristeza es una emoción experimentada cuando alguien pierde algo, así que si un cliente se siente tristeza en su pecho y no puede ir más allá, preguntaré, '¿Qué has perdido?' La pregunta ha de ser repetida varias veces y eventualmente el cliente vinculará la emoción con el evento. Como ejemplo:

> Suzanna me vino a ver por una profunda tristeza que tenía en el pecho. También reportó que había tenido asma desde que estaba en la adolescencia. Cuando se le preguntó sobre las razones de la tristeza ella simplemente respondió que si supiera no estaría aquí. Ella parecía estar muy desprendida de sus emociones. Procedimos con la regresión y ella se enfocó en los sentimientos que ella tenía en el pecho. Intenté un puenteo físico, pero comenzó a sentirse frustrada conforme el sentimiento en su pecho incrementó pero no ocurrió nada que indicara de dónde provenía la tristeza.
>
> Repetí varias veces de la manera más compasiva, 'Enfócate en tu tristeza y dime lo que perdiste.' Rompió en llanto y fue puenteada directo a una vida en la que fue forzada a regalar a su bebé. Trabajamos a través del evento y limpiamos todo y lo vinculamos a un evento de la vida actual cuando la tristeza había comenzado. Sus padres la forzaron a abortar un embarazo porque era muy joven para cuidar del bebé. Su asma había empezado poco después del aborto y no había conectado ambas cosas. Era la manera en que su cuerpo le recordaba de la tristeza sin resolver de la pérdida de su bebé, tanto en la vida actual como en la vida pasada. Después de varios meses

ella reportó que su asma despejado por completo después de las sesiones.

En mi experiencia cualquier problema relacionado a los pulmones o el área del pecho (chakra del corazón) está probablemente vinculado con tristeza, la cual probablemente viene de alguna clase de pérdida – por ejemplo de un ser querido, o incluso la pérdida del amor por uno mismo. No obstante, por ejemplo, el asma no siempre está vinculado con una pérdida, por lo que es importante no hacer suposiciones y permitir a tu cliente encontrar su propia solución.

Abajo hay sugestiones para usar esta técnica con tres de las emociones negativas más encontradas:

- *Enojo* por lo general afecta el hígado y la vesícula biliar, el sistema muscular y el sistema inmunológico. También se puede mostrar en dolores de cabeza o en puños apretados. Usualmente es una respuesta a algo que fue o es injusto, y con lo cual la persona no fue capaz de lidiar. En este caso la pregunta clave es: **¿Qué es injusto?**

- *Miedo* generalmente afecta los riñones, la vejiga, el sistema reproductivo y el sistema endocrino. Usualmente es una respuesta a no sentirse seguro. La pregunta clave para preguntar es: **¿Qué es inseguro?**

- *Tristeza y Aflicción* generalmente crea un dolor en el corazón o una depresión y afecta los pulmones y el intestino grueso. Indica una pérdida de algo o de alguien. La pregunta clave para preguntar es: **¿A quién o qué has perdido?**

Regresión con Ojos Abiertos

La mayoría de los terapeutas de regresión han tenido algún cliente que tenía dificultad para entrar en trance o en una vida pasada, a pesar de los mejores esfuerzos de ambos. En ocasiones las regresiones más difíciles son aquellas cuando alguien simplemente quiere experimentar una vida pasada por mera curiosidad. Aquí hay un ejemplo:

Philippe quería tener una regresión a vidas pasadas porque su ex esposa se lo recomendó. Tuvieron varios problemas en su relación y ella pensó que le podría ayudar. Philippe nunca antes había tenido terapia.

Cuando yo le pregunté sobre su motivación simplemente me dijo que quería ver 'de qué se trataba todo eso'. No fue muy comunicativo y eso hizo más difícil obtener más información. No obstante, logré establecer su intención subyacente – encontrar por qué su matrimonio no estaba funcionando.

Conforme intenté guiarlo a una vida, no me sorprendí cuando él se detuvo y me preguntó si necesitaba describir los zapatos que llevaba puestos, o aquellos que él imaginaba que traería puestos. Tuvo una dificultad extrema para llegar a la vida pasada, así que le pedí que abriera sus ojos y que hablara sobre la experiencia. Mucha información emergió sobre la vida pasada, sin embargo, tan pronto cerraba sus ojos, el flujo de información se hacía extremadamente lento, casi no existente. Decidí dejarlo experimentar la vida pasada con los ojos abiertos y le di la siguiente sugestión:

'Deja que tu mente consciente sea un observador, como si estuvieras viéndote a ti mismo. Al final de la sesión le pediremos a la mente consciente que reporte todo lo haya observado. Deja que tu mente inconsciente entre completamente en la experiencia con tus ojos abiertos.'

Fue capaz de tener una maravillosa sesión y emergió la historia de una vida pasada que fue útil para él. Aunque al principio tenía sus ojos abiertos, pronto los cerró y brevemente los abría sólo para 'inspirarse'.

Esto siempre es una opción si tienes un cliente que nunca ha experimentado una vida pasada y está teniendo dificultades. De alguna manera los clientes se sienten menos refrenados y por lo tanto la información fluye mucho más fácilmente. Diles que incluso está bien 'inventar' una historia si nada parece venir. Tendrá sentido después.

Resumen

No importa qué tipo de problemas te encuentres con los denominados clientes difíciles, yo te sugeriría que siempre pidas ayuda intuitiva de tu guía espiritual y del guía del cliente. Aunque hay una multitud de dificultades con las que te puedes encontrar, creo de todo corazón que hay una solución para todos ellos. Sin embargo, la solución puede no siempre ser la que te imaginas, así que debes estar tan abierto como posible y permitir que tu intuición te guíe a la solución.

Sobre la Autora

Tatjana Radovanovic Küchler CI, BCH, Dip RT

Tatjana es terapeuta de regresión y trabaja en Ginebra, Suiza, en francés y en inglés. Es también miembro de la *National Guild of Hypnotists* e instructora de hipnosis. Adicionalmente es practicante de Ultra Depth®, maestra en Reiki y practicante de la Emotional Freedom Technique. Para mayor información visita los sitios web: *www.reincarnation.ch*, *www.tara-hypnotherapy.ch*, and *www.tara-hypnosiscenter.com*.

6

El Uso de Cristales en la Terapia de Regresión

Christine McBride

El mundo físico, el mundo de los objetos y de la materia, está hecho de nada más que de información contenida en energía vibrando a diferentes frecuencias. La razón por la cual no vemos el mundo como una gran red de energía es que está vibrando demasiado rápido. Nuestros sentidos, dado que funcionan muy lentamente, son capaces de registrar solamente pedazos de esta energía y actividad, y estas agrupaciones de información se convierten en 'la silla', 'mi cuerpo', 'agua', y cualquier otro objeto físico en el universo visible.

Deepak Chopra

Introducción

Mi introducción al trabajo con cristales comenzó casi hace veinte años cuando mi pareja y yo teníamos y administrábamos una tienda de Mente, Cuerpo y Espíritu que albergaba un amplio rango de cristales. Durante los siete años que trabajé en la tienda estuve involucrada en aconsejar a nuestros clientes sobre los cristales. Motivada por las necesidades e interés de nuestros clientes, e inspirada por los cristales mismos, me sumergí en aprender tanto como pudiera sobre ellos a través de libros, talleres y experiencia personal.

En los últimos años, después de cualificar como terapeuta de regresión, comencé a incorporar varias técnicas de cristales en mi trabajo con clientes de regresión, y tuve el placer de compartir algunas de éstas con mis colegas en una de las reuniones anuales. La retroalimentación tan positiva que recibí me ha animado a desarrollar nuevas técnicas que se hallan impresas aquí por primera vez. Introduciré técnicas de cristales para apoyar tanto al terapeuta de manera general y también al cliente antes, durante y después de una sesión de regresión. Pero se pueden aplicar a otras formas de terapia también.

Antes de comenzar deseo expresar mi gratitud a aquellos seres Divinos que me asistieron mucho proporcionando la mayor parte de la información sobre las técnicas de cristales que estoy compartiendo aquí. También deseo agradecer a Simon y a Sue Lilly como los maestros de terapia de cristales más influyentes que he encontrado.[1,2] El método de Limpieza de los Chakras que describiré después fue inspirado por su trabajo.

Para completamente apreciar el valor del trabajo con cristales de manera terapéutica, es importante considerar que *todo es información contenida en energía vibrando a diferentes frecuencias*. Y dado que los cristales resuenan en frecuencias precisas son capaces de trabajar, ser afectados por y transmitir una multitud de energías específicas, dependiendo del cristal o la combinación de cristales involucradas. Debido a su estructura de red cristalina, los cristales son muy buenos para sostener y emitir una vibración fuerte y estable. Esta propiedad puede ser usada para reajustar un campo energético inestable. Las alteraciones emocionales o mentales pueden ser restauradas a armonía y estabilidad.

Preparación Antes de que un Cliente Llegue

Crea tu propio espacio de luz que esté limpio, claro y libre de influencia negativa. Esto incluye tus propios cuerpos energéticos físicos y sutiles, y el cuarto que ocuparás.

Elevación de la Vibración del Terapeuta

Baños regulares con sales, respirar profundo, aire fresco, luz del día y gratitud por la belleza y los regalos de la Madre Naturaleza ayudan a elevar tu vibración. Específicamente:

1. **Respiración.** Al respirar profundamente y permitir que el abdomen se eleve y caiga con cada respiración, incrementamos nuestro nivel de vibración. Esto es especialmente cierto cuando se está en la naturaleza respirando aire limpio y fresco.

2. **Hidratación.** El agua es un excelente conductor de energía e información. Si deseas tener un buen flujo de energía en tu cuerpo energético debes estar bien hidratado – ¡la mayoría de nosotros no lo estamos!

3. **Des-estrés.** Una mente y cuerpo físico relajados te permiten funcionar de manera óptima.

4. **Descanso.** Asegúrate de que estás bien descansado y no tienes ningún sentido de prisa.

5. **El tiempo de las comidas.** No estés ni con hambre ni adormecido por una comida pesada.

6. **Limpieza.** Limpia tu cuerpo físico, tu ropa y tu entorno.

7. **Estar bien establecido y centrado.** Visualiza una forma

sólida para establecerte, por ejemplo, imagina fuertes raíces o cordones de luz creciendo desde las plantas de tus pies hasta el núcleo de la Tierra. En cada exhalación enfócate en fortalecer el flujo de luz por tus pies, hasta la Tierra; sintiéndote estable y seguro. En cada inhalación enfócate en fortalecer el flujo de luz que viene de la tierra a las plantas de tus pies – siéntete apoyado por la Tierra. De manera alternativa puedes usar los cristales y/o las técnicas de *Tapping In* y *Hook Up de Cooks* descritas abajo.

Tapping In

Esta técnica es una de las mejores para centrar y establecer las energías personales. Puede ser practicada todos los días, varias veces al día, hasta que sea una segunda naturaleza. Trae balance a todos los meridianos más importantes del cuerpo por 20 minutos, y es una de las técnicas más simples y más efectivas para asegurar que se mantiene un campo energético estable, fuerte y centrado. Esto naturalmente te protege de energía discordante, y también reduce la probabilidad de que absorbas energías negativas de tu cliente. También es una técnica muy útil para usar en uno mismo u otros cuando hay frustración, nerviosismo o una necesidad de lidiar con conmociones repentinas.

El procedimiento más simple es un dar un toque firme y ligero con las yemas de los dedos en el área del pecho superior justo debajo de la clavícula donde ésta se encuentra con el esternón. Esta es la ubicación aproximada de la glándula del timo, la cual es importante para el mantenimiento del balance de la energía sutil en el cuerpo. Los efectos de balance duran más si tu otra mano está colocada con la palma abierta de cara a ombligo. Repite alrededor de 20 veces.

Hook Up de Cooks

Hay una técnica útil derivada de la kinesiología que ayudará tanto para establecerte como para centrarte cuando tus energías estén dispersas. Dado que integra el lado izquierdo y el derecho del cerebro, este ejercicio reduce la confusión y la falta de coordinación al igual que alivia el estrés y el malestar. Lo mejor es realizar el ejercicio sentado en una silla (nota que si eres zurdo tendrás que invertir todos los procedimientos):

1. Cruza tus tobillos, derecho sobre izquierdo.
2. Cruza tus muñecas frente a ti, derecha sobre izquierda. Ahora gira las manos de manera que las palmas se miren una a otra, luego entrelaza tus dedos. Finalmente pon tus manos en tu regazo.
3. Relájate, cierra tus ojos y respira con calma. Conforme te asientes, tus sentimientos o emociones parecerán intensificarse. Esto es parte del proceso de liberación del estrés, así que simplemente deja que los sentimientos vengan. Se calmarán.
4. Cuando te sientas calmado y restaurado a un balance normal, suelta tus manos y descruza tus tobillos.
5. Ahora coloca tus pies sobre el piso. Descansa tus manos en tu regazo con sólo las yemas de tus dedos tocándose las unas a las otras como si estuvieras sosteniendo una pequeña bola entre tus palmas. Si mantienes esta posición por medio minuto, los beneficios durarán más.

ELEVACIÓN DE LA VIBRACIÓN DE LA HABITACIÓN

1. Asegúrate de que la habitación, las almohadas, cobijas y

cualquier otra cosa que estarás usando están físicamente limpios, que el cuarto esté cómodamente cálido y que el aire sea fresco.

2. Para limpiar el espacio en los niveles sutiles, una manera simple y muy efectiva es colocar un plato de sal en cada una de las cuatro esquinas de la habitación. Déjalos en el sitio durante la noche y al día siguiente retira los platos y dispón con seguridad de la sal. La sal habrá absorbido las energías sutiles que son oscuras, pesadas o tóxicas, dejando el cuarto más liviano y limpio que antes.

3. Para mejorar aún más el nivel de vibración de la habitación, querrás llenarlo de una nota clara y pura caminando lentamente alrededor de ella tocando una campana tibetana, un bol o címbalos, una campanilla tubular, un tenedor de afinación o tu propia voz. Pon una atención particular en las esquinas de la habitación y donde normalmente se sienta el cliente.

4. Coloca un grupo de amatistas, preferiblemente al menos de 12 pulgadas de largo, centralmente debajo del sofá donde el cliente estará durante la sesión. Si estás usando un sofá de tratamiento, puedes poner un amatista sobre un taburete o algo similar para acercarlo al cliente. En cada una de las cuatro esquinas del sofá coloca unas puntas de cristal de cuarzo blanco; estas puntas (llamadas así porque la terminación lejana al punto natural ha sido cortada y suavizada para permitirle pararse con libertad sobre una superficie plana) deberá tener una altura mínima de cuatro pulgadas con diez pulgadas siendo lo ideal. Si no tienes cuatro puntas de cuarzo podrás usar cuatro piedras pulidas de cuarzo blanco, uno colocado en cada una de las esquinas del sofá de tratamiento. Todos juntos estos cinco cristales crearán una red de alta energía vibratoria de luz que tiene un número

de beneficios. El primero es que el cliente inconscientemente se siente 'sostenido' con seguridad por esta estructura energética que ha sido creado. Esto les permite 'dejarse ir' más fácilmente y relajarse más profundamente. En segunda, el nivel vibratorio dentro y alrededor del cliente es más alto que usualmente es. Eso hace de este proceso de comunicación más fácil, algo semejante a mejorar tu conexión de 'banda ancha'. Asistirá al terapeuta a ser más intuitivo y sensible al proceso, y ayudará al cliente a acceder memorias inconscientes y a la guía de niveles mentales más elevados. Si lo deseas, otros cuatro puntos de cuarzo pueden ser colocados en las esquinas de la habitación.

Preparación para el Cliente

1. Ponte cómodo e invita a tus guías, guardianes y cualquier otra asistencia que desees llamar de los reinos espirituales que te beneficiarán a ti y a tu cliente.

2. Dirige tus pensamientos hacia el cliente que está por llegar. Sostén su nombre en tu mente sin recordar cualquier memoria, experiencia, expectativa o juicio previo que puedas tener sobre él. Permítete calmarte, mientras tu mente está 'sosteniendo' el nombre del cliente como si estuviera sosteniendo el objeto más delicado y preciado. Cuando sientas o creas que estás listo (o simplemente después de dos o tres minutos) procede de la siguiente manera:

3. Toma un momento para sintonizarte con tu propio sentido de 'Todo lo que es', lo Divino, Dios, o cualquier nombre que uses. Dedícate a ti mismo y todo lo que hagas con tus cristales al Más Alto Bien.

Técnicas de Cristales para la Sesión de Terapia

Las diversas disposiciones de cristales descritas aquí funcionan perfectamente ya sea que el cliente o el terapeuta estén o no conscientes de los cambios energéticos que están teniendo lugar.

Calmar al Cliente Durante la Entrevista

Cuando el cliente llegue, si está nervioso, se le puede dar una piedra pulida de cuarzo rosa para que la sostenga. No obstante, algunos clientes se pueden sentir incómodos con esta experiencia poco familiar, en cuyo caso puede ser más simple tener una pieza de cuarzo rosa en una mesa lateral a su lado. De esta manera recibirán los beneficios calmantes del cuarzo de una manera discreta. Una pieza adecuada de cuarzo rosa para una silla lateral puede ser quizás aproximadamente del tamaño de una toronja.

Relajación Inicial

Cuando el cliente esté listo en el sofá, un buen preliminar pueden ser unas cuantas respiraciones sin esfuerzo. Gentilmente dirige para que éstas se vuelvan más y más profundas. Podrás sugerir:

Ahora, toma una respiración... y con tu siguiente respiración podrás notar que tu pecho sube y baja sin esfuerzo... y con tu siguiente respiración podrás notar que tu diafragma se mueve fácilmente hacia adentro y afuera... con cada respiración te dejas ir más y más profundo... más y más profundo... podrás notar que tu abdomen airosamente sube y baja... y te sientes bien.

ATERRIZANDO

En la eventualidad de que el cliente esté demasiado enfocado en su mente lógica, coloca una punta de cuarzo ahumado (aproximadamente de dos pulgadas de largo) apuntando en dirección opuesta al cuerpo – uno debajo de cada pie. Para realzar este efecto de aterrizar, puedes colocar otra punta de cuarzo ahumado debajo del chakra base del cliente (si esto es permisible) apuntando hacia abajo, a los pies.

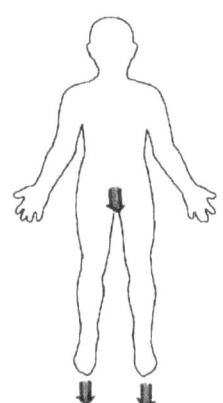

Estos cuarzos ahumados pueden requerir ser movidos en alguna etapa posterior en la sesión si se hace terapia corporal o si el cliente va muy profundo. Por ejemplo, si durante la regresión el cliente está tomando demasiado tiempo para contestar una pregunta, retirar los cristales los moverá natural y fácilmente a un nivel más ligero de trance.

LIMPIEZA DE CHAKRAS

Este método puede ser usado para algunos o todos los siete chakras principales – base, sacro, plexo solar, corazón, garganta, tercer ojo y coronilla:

1. Sostén un péndulo de cuarzo transparente y toma un momento para conectar con él como un regalo de la Madre Tierra – como si te reconectaras con un viejo amigo que está listo, es capaz y quiere ayudarte.

2. Dedica el uso del péndulo al 'Más Alto Bien de todos los involucrados' o a 'La Gloria de Dios'.

3. Determina tu intención claramente como sigue (puedes decir

esto en voz alta o para ti mismo, como creas que sea más apropiado para el cliente en cuestión): 'Mente Divina, nuestra intención es aflojar y liberar cualquier cosa que esté causando un bloqueo o desbalance en ____ (nombre del cliente) ____ (el chakra especificado), lo cual podrá ser corregido rápidamente y con seguridad ahora.'

4. Sostén el péndulo aproximadamente dos pulgadas arriba del chakra especificado y permítele moverse con libertad. Cuando se haya quedado inmóvil el trabajo se habrá completado por ahora.

5. Repite el proceso como descrito en el paso 4 para cada chakra.

Para un proceso más enfocado y más poderoso averigua qué capa de energía del chakra es la más disfuncional, por ejemplo, la etérea, la emocional, mental o espiritual. Luego repite el método arriba con una intención más enfocada en el paso 3 como sigue: 'El péndulo se moverá como requerido para aflojar, transmutar y liberar cualquier cosa que esté causando un bloqueo en ____ (el nombre del cliente) ____ (el chakra especificado) en el ____ (nivel especificado), lo cual podrá ser corregido rápidamente u con seguridad ahora.' Podrías también ajustar la altura en la que estás sosteniendo el péndulo sobre el chakra para que esté en el nivel especificado del aura.

Este método deberá limpiar las formas de pensamiento de vibración baja, entidades desencarnadas, y otras adhesiones energéticas tal como le energía emocional atorada y contraída propia del cliente. Es un proceso natural y automático que se despliega como consecuencia del fuerte flujo de luz clara creada por el péndulo de cristal en movimiento. Esta energía en rápido flujo y altamente vibratoria puede desalojar a las entidades desencarnadas que son luego naturalmente atraídas a la dimensión de luz que resuena con su nivel de desarrollo. Alternativamente, con respecto a la energía emocional congestionada y las formas de pensamiento de baja vibración, la luz eleva su nivel de vibración más y más alto hasta que son transformados.

El Escaneo del Péndulo

Como terapeuta querrás acostumbrarte al escaneo de la energía del cliente al principio de la sesión. El método de Limpieza de los Chakras como se describe arriba puede ser simplificado para permitirte realizar un escaneo rápido con un péndulo. Esto puede producir mayor claridad de la que es posible con el uso únicamente de las manos:

1. Sostén un péndulo de cristal de cuarzo blanco y toma un momento para conectar con él como un regalo de la Madre Tierra – como si te reconectaras con un viejo amigo que está listo, es capaz y quiere ayudarte.

2. Dedica el uso del péndulo al 'Más Alto Bien de todos los involucrados' o a 'La Gloria de Dios'.

3. Determina claramente tu intención de que el péndulo dejará de moverse en un 'vaivén' cuando encuentre ... (lo que sea que estés buscando).

4. Sostén el péndulo aproximadamente dos pulgadas arriba del cliente y permítele comenzar a moverse por su propia cuenta. Comienza en los pies y gradualmente trabaja sobre la línea hacia la coronilla de la cabeza del cliente.

Un colega terapeuta de regresión a quien le he enseñado a usar el péndulo de cristal es el autor y terapeuta Ian Lawton, y él reporta algunas experiencias interesantes con clientes:

Justo antes de cualquier sesión de regresión, me asiento usando Tapping In y el Hook Up de Cooks, luego conecto con mi cristal y energéticamente lo limpio. Creo que esto es muy, muy importante, incluso aunque tome unos minutos, porque la claridad de nuestra intención es crucial para este tipo de trabajo intuitivo. Yo regularmente uso un escaneo muy simplificado con el cristal para comenzar una sesión de regresión, pero esta preparación también significa que está disponible para mí como un péndulo para hacer una verificación cruzada de las respuestas ideo-motoras de sí y no de los clientes, o de cualquier otra cosa que necesite revisar durante el curso de una sesión.

Así que a menos que el cliente sea puenteado de inicio, cuando viene el momento del trabajo de trance simplemente les digo que vamos a realizar un pequeño balanceo de energía, y determino la intención siguiendo las instrucciones de Christine, usualmente diciéndolo en voz alta para que puedan escuchar lo que está pasando. Para este escaneo simplificado yo trato todos los cuerpos energéticos como uno, y podré hacer solamente una pasada por la línea central del cliente, aunque si el cristal está haciendo mucho trabajo en este transcurso, podré hacer otras dos pasadas, una hacia arriba en cada lado.

Para mí, en lo personal, el cristal usualmente continúa oscilando a lo largo de la línea de viaje, pero oscila apenas más vigorosamente sobre esa línea cuando está haciendo un trabajo de balanceo o de limpieza. Nunca dejo de fascinarme cuando puedo sentir los vínculos delicados de la cadena dando tirones entre sí, y va oscilando hasta que está casi horizontal. Mi confianza en el proceso está también reforzada porque siempre comienza su oscilación gentil tan pronto se acerca a la parte inferior de los pies del cliente y luego llega a un alto total arriba de su cabeza. Pero hay excepciones. Con un cliente que tenía problemas en los tobillos – lo cual resultó estar conectado a una vida pasada como un convicto, adonde los encadenaron juntos – quizá no sea sorpresivo que el cristal comenzó a realizar un trabajo vigoroso tan pronto lo acerqué a cualquier lugar alrededor de sus pies. Mientras tanto con otro cliente quien era extremadamente analítico, esta técnica proporcionó un maravilloso regalo, en que tan pronto como llevé el cristal cerca de la parte inferior de sus pies, él casi brinca del sofá: '¡Qué dem… fue eso?' exclamó en su fuerte acento francés. '¡Se sintió como si me hubieras dado un shock eléctrico!' Pero él dijo que desde ese momento él entendió a lo que nos referíamos cuando hablábamos sobre 'energías'. Tuvo ciertas pruebas y ello realmente le ayudó a relajarse en el proceso de hipnosis.

Más usualmente encuentro que el uso de mi cristal me permite hacer una evaluación relativamente veloz de el estado de balance del cliente – aunque posiblemente sólo con respecto a sus objetivos para esa sesión, dada la intención que determiné de antemano. Muy ocasionalmente pasaré una primera sesión entera usando solamente el cristal, especialmente si está realizando mucho trabajo y siento intuitivamente que eso es lo que es requerido – y que el cliente está inmediatamente sintiendo los beneficios también.

Con mayor frecuencia es sólo una revisión de cinco minutos para ver dónde estamos. También ayuda al cliente a comenzar a relajarse de cualquier modo, porque lo dejo abierto para que hablemos sobre cualquier cosa que estemos percibiendo/sintiendo mientras el cristal está haciendo su trabajo, y sobre si quieren mantener sus ojos abiertos y mirar cómo el cristal está reaccionando. Si sirve de algo, nadie se ha puenteado directo a una memoria de una vida pasada o de la vida actual desde el escaneo del cristal aún, pero parece intuitivamente probable que tarde o temprano así será.

Para mí al menos esto es una adición invaluable a mi kit de herramientas, y todos estamos en deuda con Christine por compartir sus maravillosas técnicas con nosotros. Este es también un buen momento para señalar que más generalmente ella es una sanadora extremadamente talentosa e intuitiva, quien también me ha ayudado a mí personalmente para limpiar varios bloqueos energéticos.

Información Superior

Si te gustaría mejorar la conexión de tu cliente a información 'superior', puedes usar tres piedras pulidas de venturina verde. Coloca una junto a cada oreja y la tercera justo arriba de la coronilla de la cabeza. Esto es especialmente útil si el cliente ha sido regresado a los reinos espirituales.

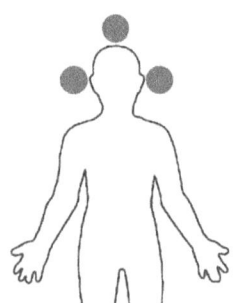

Podrás haber leído en libros sobre cristales que los cristales que vibran a frecuencias relativamente altas son recomendados para acceder a información superior, y que por supuesto eres libre de usarlos. Su uso está bien cuando el cliente se encuentre en un estado de paz, pero debemos considerar que durante la regresión pueden encontrarse en un estado emocional o estresado. Así que para la terapia de regresión sugeriría que el nivel de vibración de la venturina verde es óptimo.

Regreso y Centro

Al final de la regresión, si las energías del cliente parecen estar 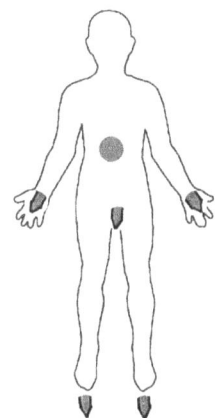 algún tanto dispersas, fragmentadas o no centradas, puede ser beneficial colocar una piedra pulida de venturina verde en su plexo solar, y si es necesario reposiciona las tres puntas de cuarzo que fueron usadas para asentarlo (mira la técnica anterior). Si la sesión fue particularmente intensa, entonces adicionalmente coloca una piedra pulida de cuarzo ahumado o una punta de cuarzo ahumado en la palma de cada mano (posiciona las puntas hacia los dedos). Espera hasta que el cliente visiblemente se relaje, quizás con un suspiro profundo, o simplemente deja de cinco a diez minutos antes de que retires las piedras.

Habiendo escrito las nuevas disposiciones de cristales descritas en este capítulo, estaba interesada en experimentar los efectos por mí misma. Aquí está lo que ocurrió cuando el esquema de regreso y centro fue usado:

> Acababa de regresar a una vida pasada en la que era un oficial comandante. Mi primera impresión fue la del olor de un campo de batalla después de la batalla, y de estar rodeado por los cuerpos muertos de la mayoría de mis hombres. Al final de esa vida no dejé mi cuerpo físico en el momento de la muerte, dado que le tenía devoción a los soldados bajo mi comando y mi lealtad demandaba que nunca los dejara. Fui guiada a los reinos espirituales y a una resolución satisfactoria con mis hombres, ¡la mayoría de quienes habían fácilmente hecho la transición en la muerte y se preguntaban porqué yo no había aparecido!
>
> Al final, después de haber sido regresada al 'aquí y ahora',

pensé que me sentía muy normal. Por curiosidad le pedí a mi colega que colocara cristales en el esquema de 'regreso y centro' a mi alrededor. Ya que esta disposición naturalmente trabajó con mi campo de energía para traer balance y armonía, me hice consciente de que fue de hecho mucho más expansivo de que lo usual, y se extendió significativamente hacia el lado derecho. Tomó varios minutos para que el esquema de cristales compensara este desbalance, restaurando mi aura a la simetría y tamaño ideal para una actividad diaria normal.

Durante los dos o tres minutos subsecuentes, el flujo de energía en mi canal central (el flujo vertical de energía paralelo a la columna vertebral, la cual conecta a todos los chakras) se centró en mi chakras personales, porque había estado significativamente 'fuera del cuerpo'. Después de que este 'regreso a mi centro' se había completado, la transformación en mi aura continuó sellando y balanceando mi chakra del plexo solar de manera que el flujo de energía en mi canal central se hizo fuerte y vibrante. Como consecuencia me sentí mucho más solida y ensamblada, y me sorprendí bastante de que al final de la regresión no había estado consciente de cuán fuera de balance me encontraba.

Calmar y Suavizar

Después de una sesión de terapia el flujo de energía/luz en el aura

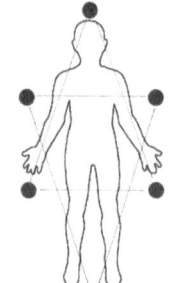

del cliente puede estar desbalanceado y alterado. Este esquema de cristales puede tener el efecto de balanceo, de calmar y suavizar el flujo de energía y de 'sellar' el aura.

Coloca seis piedras pulidas de amatista con la forma de una estrella de seis puntos alrededor del cuerpo del cliente. Las piedras han de estar entre dos y seis pulgadas separadas del cuerpo, con una sobre la coronilla de la cabeza, una debajo de los pies, dos al lado derecho del cuerpo y dos al izquierdo, equitativamente espaciadas. Déjalos en su sitio por cinco minutos, o tanto tiempo como se sienta apropiado.

Es posible mejorar aún más este efecto de calma y suavización reemplazando el amatista con seis piedras pulidas de venturina verde posicionadas de exactamente la misma manera. De nuevo déjalas en su sitio por cinco minutos o como te sea guiado. Asegúrate que tu cliente beba un poco de agua después de usar los cristales, ya que esto ayuda a que la energía fluya en todos los niveles. Aquí hay un ejemplo de cómo estos últimos dos esquemas funcionaron con un cliente de regresión.

Robert había sido regresado a una vida pasada de tristeza y remordimiento como una mujer oprimida, viviendo una vida de servidumbre. Inmediatamente después de la regresión le pregunté cómo se sentía y contestó que se sentía bien. No obstante, en mi experiencia los clientes se encuentran frecuentemente más fuera de balance de lo que pueden notar. Usé el esquema de 'regreso y centro' en él, dejando los cristales en su sitio por cinco minutos. Noté que el flujo de luz en su canal central se hizo mucho más brillante y fuerte. Cuando le pregunté cómo se sentía, él contestó, 'Me siento en mi propio espacio de nuevo, no tan abierto. Me siento restablecido.'

Procedí a colocar los cristales a su alrededor para el esquema de 'calmar y suavizar' como dice arriba, de nuevo por cinco minutos. Él no estaba consciente de la sensación de energía moviéndose de aquí para allá en su lado izquierdo y después, con una gran sonrisa en su rostro, ¡reportó sentirse 'genial!'

La Entrevista de Salida

Es útil usar un cristal de cuarzo blanco (una punta natural es preferible a una piedra pulida) para asistir al cliente a integrar cualquier perspectiva positiva obtenida durante la regresión. Es particularmente importante que el cristal para este método esté completamente limpio antes de usarse. Luego procede como sigue:

1. Clarifica los regalos, las perspectivas o lecciones que el cliente haya obtenido de la regresión y los deseos de integrarse con mayor profundidad. Para asegurar que éstos están formulados clara y concisamente tanto para tu satisfacción como para la del cliente, da las siguientes instrucciones:

2. **Sostén el cristal en tu mano derecha y colócalo por sobre el centro de tu corazón. De cualquier forma que se sienta bien, imagina o genera la intención de que el cristal y el centro de tu corazón sean uno.**

3. **Pon atención a tu mente y recuerda el primer 'regalo'.** (Puede ser algo como puedo respirar con libertad ahora'.)

4. **Imagina que mandas esta información de tu mente a tu brazo derecho y al cristal. La información es por lo tanto descargada en el cristal para después ser recuperada. El flujo de energía puede continuar naturalmente en la misma dirección, fluyendo por tu brazo izquierdo y hacia arriba, a tu cabeza, completando así un circuito. Se puede sentir bien permitir que este circuito de energía fluya con libertad por varios minutos.**

5. **Con cada inhalación y gratitud y apreciación profundas, imagina que la información descargada en el cristal ha sido integrada profundamente en él.**

6. Repite los pasos 3, 4 y 5 para los regalos restantes.

El cliente puede luego llevarse el cristal a su casa y se le puede dar instrucciones para usarlo en un número de maneras (puede ser útil escribir esto para él):

1. Duerme con él debajo de la almohada (pero nota que para algunas personas, a menos que sea un cristal particularmente pequeño, esto puede ser demasiado energizante para una noche de sueño en calma).

2. Mantenlo en una bolsa o conviértelo en un pendiente y úsalo sobre tu corazón.

3. La manera más poderosa es conscientemente reconectar con el cristal creando un espacio de paz en donde no sea distraído. Pueden prender una vela e invitar a sus guías y guardianes. Deberán llevar a cabo el paso 4 (arriba) como antes. La información concomitante ya sostenida en la mente es por lo tanto energizada y obtiene mayor poder a través de este flujo de luz resonante.

Usar un cristal de cuarzo de esta manera facilita bastante la reprogramación de la mente. También el proceso se hace más y más efectivo con cada práctica.

Después de la Sesión

Limpieza de la Habitación

Después de que el cliente se vaya puedes usar una pieza pulida o una piedra natural de selenita, idealmente al menos 12 pulgadas de largo y quizás dos pulgadas de ancho, para recorrer el sofá como si estuvieras cepillando cualquier resto que permanezca ahí. Este cristal es muy común y relativamente barato, pero es sumamente efectivo y deja el sofá limpio y listo para el siguiente cliente. El proceso puede ser mejorado al visualizar que todos los restos energéticos son barridos por la selenita a una fogata de luz violeta y blanca a los pies del sofá.

Todos los cristales usados en la sesión han de ser limpiados antes de ser usados de nuevo. Esto se hace para retirar energía no deseada y para restaurarlos a su estado energético natural, para que se encuentren en su efectividad máxima para el siguiente cliente y para que no se pueda pasar posiblemente cualquier desbalance o estática de energía del anterior.

Limpieza de los Cristales

Hay varios métodos para limpiar los cristales incluyendo:

- Tíznalos con salvia, hierba dulce, cedro, sándalo, incienso o cualquier otro humo limpiador. En varitas de tiznar las hiervas secas preferidas se amarran en un manojo, frecuentemente del tamaño de una zanahoria. Uno de los extremos de la varita de tiznar se prende para que arda y produzca un humo fragante y limpiador. Este humo luego se abanica sobre sus cristales, o pueden ser sostenidos en el humo, asegurándose que todos los lados se limpien. Esto funciona bien y puede ser usado en cristales delicados que no pueden ser colocados en agua o sal sin ser dañados. Hay menos posibilidad de daño por las chispas si tienes tu material de tiznar en un plato a prueba de llamas o en una concha de abulón (la elección tradicional) y usas una pluma o algo similar para dirigir el humo, en vez de ondular la varita alrededor. Este método también puede ser usado para limpiar tu cuarto de terapia.

- Para limpiar una piedra con la energía emocional del amor simplemente sostienes la piedra en tu mano e irradias amor hacia ella desde tu corazón. Puedes visualizar un rayo de luz de un rosa suave fluyendo desde tu corazón. La clave es sentir amor y proyectarlo en la piedra.

- Los cristales pequeños se pueden limpiar dejándolos en un montón de cristales ya sea de cuarzo blanco o de amatista, o usando una vara de selenita. Es preferible que el montón tenga puntas en muchas direcciones, ya que se dice que son las múltiples corrientes de energía que limpian la piedra en reposo.

- Entonaciones, sonar campanas, cantos y otras formas de limpieza con sonido son efectivas. Los pequeños cristales pueden ser colocados dentro de un bol tibetano y hacer que el bol suene – la fuerte vibración libera cualquier energía pesada o atascada, y reajusta el cristal a su estado natural.

- La corriente de agua funciona bien para limpiar piedras que no se dañan con el agua – que sean cuarzos blancos, rosas y cuarzos ahumados, amatistas y venturinas verdes y amarillas, pero no selenitas. Lo mejor es una fuente o río natural o las olas del mar, ¡pero debes tener cuidado de no perder tus piedras! Sostener las piedras bajo un grifo también será efectivo.

- Aceites esenciales, atomizadores y esencias de flores pueden ser usados para limpiar piedras, y los aspersores de limpieza del aura pueden ser comprados o se pueden hacer. Para hacer un limpiador en atomizador toma una botella de spray y coloca en ella un total de quince gotas de aceites esenciales adecuados. Puedes elegir pino, cedro, romero, junípero, sándalo o lavanda. Agrega una cucharadita de vodka o algo similar para disolver los aceites y llenar la botella con agua. Luego atomízalo sobre tus piedras resistentes al agua. Para mejorar aún más el spray añade unas cuantas gotas de una esencia de flor limpiadora, tal como 'manzana silvestre' de la gama de Flores de Bach.

Técnicas de Cristales para el Terapeuta

Elije de las siguientes técnicas de acuerdo a lo que necesites. Mientras más frecuentemente uses cristales, más rápida y profundamente responderá tu campo energético.

Balanceo

1. Siéntate y coloca una punta de cuarzo ahumado debajo de cada pie, y un tercero en tu chakra base (como para la técnica de aterrizar arriba).
2. Recuéstate y coloca una piedra pulida de cuarzo blanco sobre el centro de tu corazón y coloca uno en cada mano.
3. Retira las piedras después de entre cinco y diez minutos, o como se te guíe intuitivamente.

Limpieza y Desbroce

1. Toma una vara de selenita y usa un movimiento de barrer hacia abajo en el frente de tu cuerpo, desde arriba de la cabeza hasta debajo de los pies, determinando la intención de cepillar cualquier residuo de energía en el aura.
2. Repite esto tres veces en total. La primera vez barre aproximadamente a entre dos y cuatro pulgadas sobre el cuerpo físico, muévete otras dos o cuatro pulgadas más para la segunda barrida, y de nuevo más para la tercera. En

consecuencia varias capas del campo energético son limpiadas.

3. Repite para la parte de atrás del aura alcanzando tanto como posible. Usa la intención y visualización (o a un ayudante amigable) adonde no sea posible alcanzar físicamente.

ALIGERAMIENTO

1. Coloca seis, nueve o doce (de acuerdo a la necesidad – más piedras crean más ligereza) piedras pulidas de cuarzo blanco a entre dos a cuatro pulgadas del cuerpo físico y equitativamente espaciadas a su alrededor.

2. Recuéstate y coloca una piedra pulida de venturina amarilla en cada uno de los seis chakras, del base al tercer ojo.

3. Respira profundamente.

4. Retira las piedras después de entre cinco y diez minutos y bebe agua.

El efecto de este esquema será añadirá una 'nota' de ligereza balanceada al campo energético. Uno se puede sentir tranquilo después de ello, pero para nada con 'mareo'.

LIMPIEZA DE CHAKRAS

Sigue la técnica previamente descrita. En la eventualidad de que haya ocurrido una intrusión energética no deseada, será necasaria una combinación de técnicas para librarse del aura de huéspedes no invitados. Adicionalmente a cualquiera de aquellas previamente descritas, un baño de sal se recomienda ampliamente. La sal es cristalina por naturaleza, es un excelente conductor y es muy efectiva para limpiar energía pesada del aura. Coloca de dos a tres manojos de sal marina en el agua de la tina y remójate por alrededor de veinte minutos. En algunas instancias puede tomar varios baños de sal para crear el efecto deseado, pero cada uno soltará más incluso las energías más intransigentes, hasta que un aura cristalino sea alcanzado.

Resumen

Las técnicas de cristales descritas en este capítulo pueden ser útiles en una amplia variedad de situaciones y en cualquier tipo de sesiones terapéuticas. Su simplicidad y facilidad de uso pueden poner en duda sus grandes beneficios, pero siempre erran en el lado de la precaución. Yo te recomiendo practicar en ti mismo o en un amigo que sea tu voluntario antes de ofrecer usarlas con un cliente, particularmente si tienes poca experiencia en el trabajo con cristales o si tu cliente es especialmente sensible. Recuerda siempre obtener el permiso de tu cliente antes de colocar cristales sobre su cuerpo o a su alrededor.

Lista de Compras

1 cúmulo de amatista
4 puntas paradas de cuarzo
1 vara de selenita
1 péndulo de cristal de cuarzo blanco
1 punta natural de cuarzo blanco
6–12 piedras pulidas de cuarzo blanco
5 puntas de cuarzo ahumado
6 piedras pulidas de amatista

6 piedras pulidas de venturina verde
6 piedras pulidas de venturina amarilla
3 piedras pulidas de cuarzo rosa
Varita de tiznar o incienso de alta calidad
Sal de mar

Sobre la Autora

Christine McBride BEd, BA, Dip RT

Christine es una maestra intuitiva y experimentada y es terapeuta de regresión. Ha estado trabajando con cristales y otras terapias por casi veinte años. Las clases de terapia de cristales proporcionan al participante técnicas poderosas para crear un cambio positivo con facilidad y confianza – incluyendo radiestesia y trabajo con los chakras, meridianos, varas de cristal y péndulos – mientras sus clases de nivel dos y tres incluyen información guiada que no está disponible en otro lado. Para mayor información, mira su sitio web: *www.christinemcbride.co.uk* o contáctala a su email: *mcbridechristine@aol.com*.

Referencias

1. Lilly, Simon. *Illustrated Elements of Crystal Healing.* Element Books 2002.
2. Lilly, Simon and Sue. *Crystal Healing.* Watkins Publishing 2010.

7

Empoderando al Cliente

Chris Hanson

El mayor bien que puedes hacer por otro
no es simplemente compartir tus riquezas
sino revelarle las tuyas propias.

Benjamin Disraeli

Introducción

Desde que completé mi entrenamiento como hipnoterapeuta clínico en los 90's, ha sido siempre mi intención no solamente ayudar a mis clientes con sus problemas presentes, sino también fortalecerlos enseñándoles técnicas de auto-ayuda cuando es posible. Ahora que soy también un terapeuta de regresión cualificado, aún tengo este deseo de incorporar técnicas de auto-ayuda a las sesiones de regresión cuando resulta apropiado.

Una técnica que encuentro extremadamente útil es instalar una palabra clave de la elección del cliente para anclar la profundidad necesaria para que funcione la hipnosis, y también para que la usen en meditaciones. Las otras son adaptaciones a la ahora bien conocida 'técnica de movimiento ocular', otra para asentar emociones llamada 'tapping out' y la otra para traer sentimientos positivos llamada 'tapping in'.

CREACIÓN DE ANCLAS DE TRANCE PODEROSAS

El anclaje de la profundidad del trance es una técnica usada por muchos hipnoterapeutas en su práctica. La manera más poderosa que he aprendido para lograr esto fue participando en el entrenamiento de James R. Ramey llamado Ultra Depth^{TM}. Consideremos cómo puede ser útil en las sesiones de regresión. Uno de los criterios más importantes para una regresión al entre-vidas o a la 'vida entre vidas' (LBL por sus siglas en inglés) es la habilidad del terapeuta para guiar a sus clientes al estado de profundo trance hipnótico necesario y luego mantenerlos en este nivel a lo largo de la sesión – lo cual con frecuencia puede ser más de tres horas. El acto mismo de hablar puede en ocasiones reducir la profundidad de trance del cliente, y si se requieren descansos para ir al baño, el terapeuta ha de asegurarse que son capaces de regresar rápidamente al nivel previo de hipnosis profunda. La mayoría de los terapeutas de regresión al entre-vidas insisten por lo tanto en ver a sus clientes por al menos una sesión antes de la sesión principal de la vida entre vidas para cerciorarse si tienen problemas o bloqueos que necesitan resolverse de antemano, y para asegurarse de que no habrá problemas guiando a sus clientes al nivel necesario de trance profundo y manteniéndolos ahí.

Es durante estas sesiones preliminares que con frecuencia he encontrado muy útil guiar a mis clientes a un trance profundo e instalar una palabra clave de su elección, la cual podrá después ser usada para inducir un trance profundo muy rápidamente en sesiones subsecuentes, y para mantener a los clientes en ese nivel requerido. Esta palabra clave también puede ser usada por los clientes personalmente, cuando lo elijan, para realizar una auto-hipnosis por otras razones que no sean la regresión – tomar una siesta, afrontar la ansiedad y el estrés, insomnio y demás. Para prevenir una auto-inducción inadvertida, las instrucciones usadas para instalar la palabra clave necesitan enfatizar que sólo será efectiva en circunstancias donde el cliente pretende entrar en auto-hipnosis, por ejemplo, cuando es apropiado y seguro hacerlo, y que el cliente permanecerá en hipnosis sólo por el tiempo que él desee. Normalmente doy la instrucción a mis clientes de que mentalmente fijen un límite de tiempo para estar en auto-hipnosis, y para instalar una palabra de 'salida' o para 'emerger' que usen para finalizar su tiempo en trance. De hecho he encontrado a partir de experiencia personal que nuestros relojes corporales innatos son tan eficientes que con mayor frecuencia no se requiere la palabra de salida. Pero la palabra puede ser usada si, por ejemplo, en algún momento necesito que un cliente emerja muy rápidamente de un trance profundo.

Qué tan profundo guías a tu cliente en hipnosis antes de instalar su palabra clave es tu elección. Si deseas guiarlos a un verdadero sonambulismo a menudo necesitarán cierto pre-condicionamiento. La obtención de confirmación de mis clientes de que han entrado con éxito en hipnosis mientras escuchan varias veces el CD de relajación progresiva que siempre les envío, me asegura de que no habrá problemas para que ellos alcancen la profundidad de trance necesaria. Realizar ejercicios de sugestibilidad o pre-inducción al inicio de una sesión es otro salvoconducto, y siempre deberá ser llevado a cabo si eliges usar una inducción rápida o espontánea con tu cliente (para más sobre todas estas técnicas mira el capítulo 5).

Si tu intención es alcanzar un verdadero sonambulismo, será necesario hacer pruebas de amnesia como se muestra en las notas abajo, pero este nivel profundo de trance no siempre es necesario.

Frecuentemente el nivel apenas arriba del sonambulismo es adecuado para el trabajo de regresión al entre-vidas, y un nivel más ligero aún para la terapia de regresión.

Los pasos a continuación para instalar la palabra clave del cliente fueron adaptadas por mí después de asistir al programa de entrenamiento de James R. Ramey Ultra Depth™ con el Institute of Clinical Hypnosis:[1]

1. Pide a tu cliente una palabra clave de su elección que instalarás para hipnosis profunda/auto-hipnosis, y otra palabra clave de su elección que instalarás para que la use para salir de la hipnosis. ¡Anótalas!

2. Usa una inducción de tu elección para guiar al cliente a una relajación profunda. Esta puede ser tu inducción favorita de relajación progresiva, o una inducción rápida.

3. Puedes usar cualquier profundizador, tal como la cuenta del 1 al 10. O puedes contar del 1 al 5 diciendo al cliente que se relaje más profundamente en cada cuenta, luego cuenta del 1 al 5 diciéndole que duplique su relajación con cada cuenta, luego finalmente cuenta del 1 al 5 diciéndole que triplique su relajación con cada cuenta.

4. Usa la técnica profundizadora de caída de brazo. Dile a tu cliente: **Voy a levantar tu brazo izquierdo/derecho.** Luego haz círculos horizontales para probar qué tan relajado está. Si percibes que está activamente ayudándote y por lo tanto no está suficientemente relajado, dile que te permita a ti hacer todo el levantamiento y anímalo a sentir como si su brazo estuviera 'tan pesado como el plomo'. Cuando sientas que su brazo está relajado, di: **Cuando deje caer tu brazo de vuelta a tu regazo, puedes permitirte ir 10 veces más profundo ... 10 veces más profundo a un estado cómodo y relajado... 10 veces más profundo en relajación.** Luego deja caer su brazo para ver si cae como un peso muerto.

Repite con el otro brazo.

5. Instala las palabras clave 'relájate profundamente': Cuando diga las palabras **RELÁJATE PROFUNDAMENTE** quiero que inmediatamente cierres los ojos **... y muy automáticamente, sin siquiera pensar en ello, permítete relajarte ... para volver a este estado de comodidad en el que te encuentras ahora ... cada vez permitiéndote ir de vuelta más profundo ... cada vez disfrutándolo más y más ... asegurándote que sigues todas mis instrucciones con precisión ... y sintiéndote maravillosamente en todos los sentidos.** Repite las mismas instrucciones para reforzarlas.

6. Fracciona sacando al cliente del trance y de nuevo en él, cada vez yendo más profundo. Di: **Ahora voy a contar del 3 al 1 para regresarte... y a la cuenta de 1, y no antes, abrirás tus ojos. Así que 3, lentamente saliendo ... 2, saliendo más y más ... 1, ojos abiertos, sintiéndote excelente y fantástico en todos los sentidos. Ahora cierra tus ojos** (usa un gesto con tu mano hacia abajo) **y RELÁJATE PROFUNDAMENTE ... RELÁJATE PROFUNDAMENTE ... simplemente hundiéndote ... suelto ... flexible ... y relajado.** (Nota que cuando un cliente emerge temporalmente y hay que evitar decir 'alerta' o 'totalmente despierto' hasta que finalmente lo hayas despertado.) Luego haz el profundizador de caída de brazo usando ambos brazos. Luego repite el procedimiento entero de fraccionamiento dos veces más.

7. Después del tercer fraccionamiento usa un profundizador del 1 al 10, duplicando la relajación con cada cuenta.

8. Ahora puedes opcionalmente hacer la prueba de amnesia usando tu método favorito. Por ejemplo puedes decir: **Estás ahora tan relajado ... que el tiempo es**

completamente irrelevante para ti ... simplemente no te importa qué hora es ... o incluso qué día es ... estás tan relajado que simplemente no te importa ... es irrelevante para ti ... VAS A OLVIDAR qué día es ... VAS A OLVIDAR qué día es ... ahora intenta recordar qué día es hoy... y si estás realmente relajado ... descubrirás que mientras más lo intentas ... menos puedes recordar.

O puedes decir: **En un momento voy a tomar tu mano ... y a la cuenta de tres simplemente voy a dejarla caer sobre tus piernas ... tan pronto toque tus piernas ... te darás cuenta que vas tan profundo en relajación ... que tu propio nombre saldrá de tu mente ... tan pronto tu mano toque tu pierna ... serás incapaz de recordar tu nombre ... serás incapaz de recordar tu nombre ... tan pronto tu mano toque tu pierna ... serás incapaz de recordar tu nombre ... pues se habrá ido por completo ... habrá completamente salido de tu mente... listo, ahora 1** ... (da una sacudida gentil a la mano del cliente) **2** ... (de nuevo da una sacudida gentil a la mano del cliente) **3 ... ¡se fue!** Deja caer la mano del cliente sobre sus piernas y di inmediatamente: **Ahora, ¿cómo dijiste que te llamabas?**

Si el cliente intenta recordar la fecha o su nombre pero es incapaz de hacerlo, él/ella tiene ahora amnesia hipnótica que confirma que está en sonambulismo. Inmediatamente di, sin esperar demasiado: **OK, deja de intentar recordar y simplemente RELÁJATE PROFUNDAMENTE.** Si deseas que el cliente alcance un verdadero sonambulismo y aún puede recordar la fecha o su nombre entonces necesitas profundizar más antes de volver a hacer la prueba de amnesia. Recuerda cancelar la amnesia

Empoderando al Cliente

diciendo: **Ahora puedes recordar el día/tu nombre muy clara y fácilmente ... ya que es muy claro y fuerte en tu mente.**

9. Ahora instala la palabra clave elegida de profundización del cliente: **Cuando quiera que diga la palabra ____ o te digas la palabra ____ a ti mismo ... muy automáticamente, sin siquiera pensarlo, sin titubear o demorar, simplemente cierra tus ojos ... y permite que tanto tu mente como tu cuerpo vuelvan inmediatamente ... de regreso a este mismo estado de comodidad del que estás disfrutando ahora ...** Repite dos veces más. **Esto ocurrirá hoy ... y todos los días ... por el resto de tu vida... o por tanto tiempo como elijas ... siempre que estés en un lugar seguro para hacerlo ... ahora ____ ... ____ ... ____.**

10. Saca al cliente del trance contando del 3 al 1, luego prueba su palabra clave de profundización para llevarlo de nueva al trance. Di: **Ahora voy a contar del 3 al 1 para sacarte ... y a la cuenta de 1, y no antes, ojos abiertos ... ahora 3 ... lenta y gradualmente saliendo ... 2 ... saliendo más y más ... 1 ... ojos abiertos, sintiéndote maravilloso, fantástico en todos los sentidos ... ahora ____.** Usa un gesto con la mano para recordar al cliente que cierre sus ojos, luego espera al menos 20 segundos conforme se lleva de vuelta al trance. **Así es, yendo más y más profundo ... suelto ... y flexible ... y flojo ... sintiéndote tan cómodo ... tan relajado.** Repite dos veces más, sacando al cliente y luego cada vez diciendo su palabra clave para llevarlos de vuelta al trance y añadiendo algunas frases para profundizar.

11. 'Relájate profundamente' se instaló para profundizar el trance por fraccionamiento, y no habrá anclado alguna

profundidad de trance particular, así que deberá ser probablemente retirado. Después de decir la palabra clave por tercera vez y animarle a ir más profundo como arriba, retíralo diciendo: **Cuando te diga las palabras RELÁJATE PROFUNDAMENTE no tendrán ningún significado especial en absoluto... cuando te diga las palabras RELÁJATE PROFUNDAMENTE no significarán nada especial para ti en absoluto.**

12. Cuenta del 5 al 1 para sacar al cliente del trance y pregúntale cómo se siente. Luego di su palabra clave de profundización y profundízalo de nuevo para que puedas programar la palabra clave de salida de su elección: **Cuando te encuentres de nuevo en un estado de relajación ... similar a este, en el que te encuentras ahora, o incluso más profundo ... y pronuncia ... o di para ti mismo ... la palabra ____ ... significará lo mismo para ti como si yo hubiera contado del 5 al 1 ... saldrás completamente alerta ... sintiéndote refrescado ... sintiéndote maravilloso en todos los sentidos ... y esto ocurrirá hoy ... y todos los días ... por el resto de tu vida ... o por tanto tiempo como elijas ... esto ocurrirá desde este nivel de relajación en el que te encuentras ahora ... y desde cualquier otro nivel que estés experimentando en ese momento ... ahora ____ ... ____ ... ____.** Revisa si el cliente tiene sus ojos abiertos y está totalmente alerta. Si no lo está, repite todo este paso con una voz más fuerte.

Aquí hay varios ejemplos de los beneficios del uso de estas técnicas de anclaje en la práctica:

Peter solicitó una regresión de VEV (LBL Life Between Lives siglas en inglés) conmigo, así que le mandé una copia de mi propio CD de relajación para que lo escuchara, y me puso de

Empoderando al Cliente

acuerdo con el para que viniera a una sesión preliminar, ya que nunca antes había experimentado una regresión a vidas pasadas. Había dejado de fumar con éxito usando hipnosis en el pasado, y los ejercicios pre-hipnóticos mostraban que era muy sugestionable. Pronto se hizo evidente durante la entrevista que había varios problemas con relación al estrés y creencias de él mismo que necesitaban ser tratadas antes de la regresión entre-vidas, y que un total de tres sesiones sería necesario. Por lo tanto instalé tanto una palabra clave de profundización de la elección de Peter, y una palabra de salida, al inicio de la primera sesión de terapia – de manera que en las sesiones subsecuentes ahorraríamos tiempo cuando se le indujera a hipnosis profunda. Peter también sería capaz de usar su palabra clave en su casa, para ayudarse a relajar cuando se sintiera estresado. También le expliqué que podía simplemente usar su palabra de salida para sentirse más alerta si en algún momento se sentía cansado durante el día.

Carol, una joven mujer que quería una regresión VEV, agendó dos sesiones conmigo en días sucesivos. Ella era un sujeto hipnótico excelente sin problemas que necesitaran resolución, pero estaba sufriendo de cistitis, requiriendo visitas frecuentes al baño. Por lo tanto decidí instalar una palabra clave para la hipnosis profunda durante la primera sesión, antes de proceder con una regresión a vidas pasadas, para permitirme rápidamente guiar a Carlo de vuelta a la hipnosis después de cada descanso para ir al baño. ¡Esto fue invaluable durante la regresión, pues se necesitaron cuatro descansos de estos!

Asentamiento de Emociones – Tapping Out

Las otras técnicas que uso regularmente durante las sesiones de regresión son derivadas de una terapia llamada 'Desensibilización y Reprocesamiento de Movimiento Ocular' (EMDR por sus siglas en inglés). Este proceso fue desarrollado por la psicóloga Francine Shapiro, una investigadora senior en el Mental Research Institute en Palo Alto, California.[2]

Un día con mucho viento en 1987, Francine estaba afuera caminando, y mientras pensaba sobre algunos problemas preocupantes notó que caían hojas cerca. Al terminar su caminata estaba asombrada al descubrir que sus pensamientos preocupantes habían desaparecido y, reflexionándolo después, parecían haber perdido su carga emocional. Asumiendo que esto fue resultado de los movimientos que ella había realizado involuntariamente durante su caminata, Francine procedió a experimentar con voluntarios para ver si podía reproducir el efecto que ella había personalmente experimentado. Logrando resultados positivos, luego procedió a desarrollar la técnica y fue exitosamente probada en veteranos de Vietnam quienes estaban experimentando el trastorno de estrés postraumático y en otras personas que estaban sufriendo de un trauma mayor. Dar instrucciones a los voluntarios traumados de que muevan sus ojos rápidamente de lado a lado mientras visualizaban escenas perturbadoras o revisitaban memorias traumáticas resultó en que las memorias se hicieron menos y menos alterantes.

Eventualmente se descubrió que otras formas de estimulación funcionan igualmente bien – alternativamente dar toques en la izquierda y en la derecha y de nuevo en la izquierda y la derecha en ciertas partes del cuerpo, por ejemplo, o usar sonidos alternando el lado izquierdo y el lado derecho de la cabeza. Esto mostró que la efectividad del procedimiento no era simplemente el resultado del movimiento ocular rápido que todos experimentamos mientras dormimos, como en un inicio se sugirió.

Todavía no está claro cómo trabaja el EMDR, aunque la Dra

Shapiro ha formulado una teoría a la que llama 'Procesamiento Adaptativo de Información' para explicar lo que está sucediendo. Una memoria traumática no es procesada exitosamente por el cerebro pero permanece en una forma fragmentada, llevando a síntomas que pueden alterar la vida diaria. Se cree que cuando a una persona con una memoria traumática se le anima a enfocarse en esa memoria tanto como posible usando todos sus sentidos, y se usa la estimulación bilateral alternada, su sistema de procesamiento de información está activado. Este es un proceso de libre asociación de mente-cuerpo que activa tanto el hemisferio izquierdo como el hemisferio derecho del cerebro, afectando el almacenamiento físico de la memoria traumática fragmentada, de manera que ya no se siente perturbadora.

Durante una sesión de terapia la estimulación bilateral continúa por varias rondas, cada una con una duración de tres minutos o más, y ciertos protocolos estándar se siguen para ayudar en el procesamiento de la memoria. La Dra Shapiro usa un proceso de ocho pasos. Usualmente se requieren varias sesiones y el cliente necesita ser cuidadosamente monitoreado a través de un terapeuta entrenado.

Hay una forma abreviada del EMDR llamada simplemente EMT ('Técnica de Movimiento Ocular'), desarrollada por Fred Friedberg. No solo puede ser realizada por terapeutas que no están familiarizados con los protocolos completos de EMDR, sino que también los terapeutas pueden enseñarla a los clientes para con seguridad usarla como auto-ayuda en su casa. Esta versión simplificada puede ser usada para reducir el estrés de cada día, para resolver conflictos emocionales e incluso para ayudar con el insomnio.

La EMT es relativamente simple, e involucra el toque alterno con los dedos, izquierda-derecha, a un ritmo de dos toques por segundo, continuando por una ronda con una duración aproximada de tres minutos a por vez. Se le puede dar la instrucción al cliente de dar toques a sus propios muslos o, con su permiso, puedes dar toques en la parte trasera de sus manos o de sus hombros – un toque en la izquierda rápidamente seguido por un toque en la derecha, repetido por la duración de la ronda. Si no hay mejora después de tres rondas entonces se pueden introducir los movimientos oculares.

El procedimiento que yo uso está completamente descrito en el libro de Friedberg book:[3]

1. Pide al cliente que cierre sus ojos y se enfoque en cualquier imagen, sentimiento o pensamiento estresante, y que lo califique por su severidad en una escala de 0 a 10 (10 siendo lo más estresante).

2. Pídele que note cualquier sensación física – dolor de cabeza, mandíbula apretada, sensaciones incómodas en su estómago, palpitaciones rápidas, sudoración, cualquier tensión física en general – mientras se enfoca en el estrés.

3. Dale la instrucción que comience dando toques alternados en sus muslos, de manera que su dedo derecho toque su muslo derecho y luego su dedo izquierdo toque su muslo izquierdo, luego de nuevo la derecha, etc., dos toques por segundo por tres minutos. El que el cliente use uno o más dedos para el toque es irrelevante.

4. Pide al cliente que vuelva a calificar su nivel de estrés después de tomar una respiración profunda.

5. Si disminuyó en severidad, continúa con más rondas de toques hasta que se haya alcanzado un 1 ó 0. Si emerge cualquier estrés nuevo, entonces será necesario dar toques en ellos para retirarlos.

6. Si no hay decremento, pide al cliente que realice entre 25 y 30 movimientos oculares rápidos de lado a lado, usando tus dedos para que sus ojos los sigan. (Dile al cliente que cuando

Empoderando al Cliente

haga los movimientos oculares solo en casa, escoja un objeto adecuado en sus extremos izquierdo y derecho de su campo visual en los cuales se deberá enfocar, y luego alternar viendo de uno al otro.)

7. Si hay una mejora después de dos rondas de movimientos oculares rápidos, continúa hasta que 1 ó 0 sean alcanzados.

8. Si no hay mejora pide al cliente que se enfoque en cualquier sensación física asociada con su estrés, luego que tome una respiración profunda y repita las rondas de toques con los dedos.

9. Si aún no hay cambio, pide al cliente que haga dos rondas de movimientos oculares mientras se enfoca en las sensaciones físicas.

10. Si finalmente no hay mejora usa la frase de 'relájate' con el cliente. Pídele que piense en un largo 'reee' mientras inhala y en un largo 'láaajateee' conforme exhala, luego añade los toques por tres o más minutos, pero detente si comienzan a entrometerse pensamientos negativos.

11. Confirma cualquier cambio que el cliente haya experimentado. Cualquier cambio positivo puede ser 'tapped in' (tratado con toques). Esto se explica en la siguiente sección.

Mientras estés dando los toques, la frase de 'relájate' puede usarse simplemente para animar a la relajación, para superar el insomnio, o para disminuir la carga emocional de cualquier memoria traumática si resulta ser evocada cuando el cliente practica la EMT en casa. Si se usa esta técnica en un lugar público, el toque también se puede realizar si el cliente cruza sus brazos como si se estuviera abrazando y luego da un toque en la parte superior de sus brazos, o incluso dando los toques con los dedos de los pies en el suelo dentro de sus zapatos, siendo esta una manera muy discreta de proceder. Se tiene que enfatizar al cliente que si elige practicar la EMT para su auto-ayuda entonces deberán usarla solamente para el estrés de la vida diaria, mientras las memorias traumáticas requerirán la ayuda de un terapeuta entrenado (¡es decir tú!). Las mismas contra-indicaciones que aplican para la terapia de regresión, aplican para el uso de la EMT.

Los terapeutas de regresión podrán encontrar que el conocimiento de la EMT es beneficial si un cliente llega para una sesión de VEV en un estado inesperadamente estresado, o de pronto duda de sí mismo, sobre si será capaz de entrar en trance profundo. Aquí hay un ejemplo:

> Mary llegó para su regresión de VEV en un estado de mucha angustia. Ella había sido testigo de los resultados de un serio accidente carretero camino para acá, y se retrasó por más de 45 minutos en el tráfico que esto causó. Fuimos capaces de disminuir el impacto emocional del accidente y los sentimientos resultantes de estrés por llegar tarde simplemente haciendo tres rondas de toques EMT y una ronda usando la frase de 'relájate', antes de continuar con la regresión. De no haber usado la EMT, el estado emocional de Mary puede haber evitado que entrara en trance profundo, o puede haber interferido con la sesión en otras maneras.

Otro ejemplo del uso de la EMT con clientes es cuando lidias con la presencia de asuntos sin resolver al final de una sesión de regresión:

> Aunque se resolvieron exitosamente varios problemas de la vida actual durante una sesión de terapia con Sophie, una revisión final usando un vínculo ideo-motor de dedo con su Mente Superior, mostró que había aún un problema que involucraba una discusión con un amigo. Dado que solamente quedaban 10 minutos antes de la cita con mi siguiente cliente,

después de una breve conversación con ella, realicé dos rondas de toques EMT detrás de sus manos conforme se enfocaba en el problema en cuestión. Esto fue para retirar algo de la carga emocional inducida por ello, y se agendó otra sesión de terapia de regresión para completar la resolución de este problema que quedó.

De no haber estado consciente de la naturaleza del asunto sin resolver, me hubiera rehusado a usar la EMT de esta forma al final de la sesión, dado que podría haber evocado memorias traumáticas que habrían tomado demasiado tiempo para ser procesadas. Así que si no estás consciente de la naturaleza de cualquier asunto sin resolver, es más seguro enseñar al cliente simplemente a dar el toque usando la frase de 'reee-láaaajateee' si cualquier pensamiento o emoción preocupante surge antes de su siguiente cita.

Integración de Recursos Positivos – Tapping In

La otra técnica relacionada con la EMDR que yo uso frecuentemente con mis clientes se llama 'resource tapping', o 'asimiento de recursos'. Esta técnica fue desarrollada por Laurel Parnell y se explica con claridad en su excelente libro *Tapping In*.[4] El asimiento de recursos se enfoca en asir un recurso positivo y sanador para fortalecer e integrarlo en la memoria mente-cuerpo, pero los toques continúan sólo por un corto tiempo para que no ocurra ningún procesamiento de libre flujo. Rondas de seis a doce toques izquierda-derecha son usados, y los toques se detienen si cualquier memoria negativa o cualquier pensamiento que interfiera ocurre. Se le puede enseñar muy rápido a los clientes, de manera que pueden usarlo en casa para reactivar su recurso requerido. Inicialmente esta técnica de asimiento de recursos fue usada con clientes para instalar un 'lugar seguro' antes de proceder con la EMDR para procesar memorias traumáticas, y se encontró que es más efectiva que usar sólo imaginería guiada. Parnell extendió la técnica aún más para inluir el asimiento de muchos recursos positivos y cualidades inherentes que todos poseen, y ahora el asimiento de recursos es un proceso reconocido y autónomo.

En sesiones de regresión a la vida actual, a vidas pasadas o a la vida entre vidas, el asimiento de recursos se puede usar para asir cualquier perspectiva o experiencia positiva. Yo doy la instrucción a mis clientes que hagan esto durante las etapas finales de la integración y finalización, en vez de darles una afirmación a repetir en casa o anclar un sentimiento o emoción positivos. He encontrado que el asimiento de recursos es más efectivo que el uso de un anclaje tradicional porque no sólo el ritmo de los toques promueven la relajación – teniendo un efecto calmante, tranquilizador en el sistema nervioso – sino que también parece fortalecer la activación del cerebro y facilita tanto el almacenamiento como la recuperación del recurso.

Por ejemplo, si el cliente tiene una experiencia memorable, positiva con su guía espiritual o sus Sabios, recibe cualidades especiales de un poder animal, o si su niño interior recibe cualidades o recursos fortalecedores, todos estos se pueden asir.

El procedimiento es muy simple, siendo los toques los mismos que para la EMT, pero se usa un ritmo más lento en rondas más cortas:

1. Demuestra al cliente cómo quieres que de los toques, y permítele practicar para que se acostumbre al ritmo necesario y pueda decidir dónde en su cuerpo siente más cómodo dar los toques. (por ejemplo en los muslos o en los brazos).

2. Rápidamente guíalos a un estado de relajación.

3. Pídele que traiga a su mente el recurso elegido.

4. Anímalo a usar su imaginación tanto como sea necesario. Es importante que use todos sus sentidos para hacer que la memoria/experiencia/cualidad, sea tan vívida como posible, sintiéndola en todo su cuerpo.

5. Pide al cliente que te diga cuando esté realmente en contacto con sus sentimientos del recurso, luego dale la instrucción para que comience a dar los toques rítmicamente y despacio, izquierda-derecha, por una ronda de seis a doce toques alternados. Anímalos a enfocarse en los sentimientos positivos y en permitir que se incrementen, pero dale la instrucción de que se detenga si cualquier sentimiento o emoción negativos empiezan a manifestarse.

6. Después de una ronda de seis a doce toques izquierda-derecha. Si el recurso está fortaleciendo al cliente, se le puede animar a dar toques por unas rondas más, para realmente fijarlo.

7. Si el cliente lo desea, se puede elegir una palabra señal para facilitar el acceso al recurso (por ejemplo 'guía' o 'lugar seguro') y el cliente da toques para asir la palabra.

8. Trae al cliente de vuelta al 'aquí y ahora' y explica que cuando sienta la necesidad de acceder al recurso que acaba de asir, lo único que tiene que hacer es cerrar sus ojos, imaginar el recurso (y/o decir la palabra señal), y comenzar a dar toques despacio, haciendo sólo entre seis y doce toques. Pueden continuar con más rondas en tanto los toques se sientan aún positivos.

Si el cliente requiere más sesiones de terapia de regresión para lidiar con memorias traumáticas aún sin resolver, debes recordar darles la instrucción de hacer sólo rondas muy cortas de asimiento de recursos cuando no esté contigo para evitar activar el procesamiento de las memorias traumáticas.

Aquí hay varios ejemplos de los beneficios de usar estas técnicas de asimiento en práctica:

Petra vino a mí buscando ayuda con sus adicciones. Debido a su naturaleza acordamos que se necesitarían muchas sesiones a lo largo de un periodo de varias semanas. Decidí que la regresión a la vida actual y el trabajo del niño interior serían muy beneficiosos para ella, dado que había tenido una infancia infeliz, pero esto sólo tendría éxito si ella fuese capaz de responder emocionalmente a la terapia. Por lo tanto, durante la primera sesión con ella, la guié hacia un trance ligero y le pedí que encontrara su propio lugar especial donde se sintiera calmada, relajada y segura. Luego le di la instrucción de que cruzara sus brazos y lo asiera con toques. Después, en cualquier momento que se sintiera estresada o ansiosa, en vez de rendirse ante sus adicciones, podía usar este recurso de su lugar especial, poniéndose totalmente en contacto con él de nuevo dando lentamente toques unas cuantas veces. Las adhesiones de espíritus también se liberaron durante esta primera sesión, la cual resultó en que ella dijera que se sentía mucho más ligera.

Durante las siguientes sesiones, cuando Petra se sentía incapaz de experimentar emociones, procedimos con terapia de regresión, lentamente investigando problemas de la infancia temprana que parecían ser el origen de sus adicciones. También le mostré como usar el asentamiento de emociones tapping out con seguridad en casa, para liberarse de cualquier sentimiento de culpa o de estrés que pudiera manifestar y así activar sus ansias, y cómo usar la frase de 'reeeláaajateee' para asistir a que se relajara y ayudarla con problemas del sueño.

Fue muy gratificante recibir un mensaje de texto de Petra diciendo: '¡Gracias por la última sesión. Me siento más ligera, menos ansiosa, y he dormido la noche completa por primera vez en años usando estos toques!' En el tiempo en el que me escribió había aún algunos eventos de la infancia que necesitaban resolución, pero el control de Petra sobre sus adicciones ha mejorado de manera tremenda, y ella ha encontrado que los toques son extremadamente útiles entre sus sesiones de terapia de regresión.

Chloe vino a verme porque estaba bloqueando la posibilidad de entrar en nuevas relaciones. Ella tuvo acceso a una vida pasada en la que era un joven soldado quien se enamoró y divulgó planes militares secretos a su joven novia, quien vivía en la casa en donde sus compañeros soldados se estaban quedando. Altos oficiales del ejército supieron que había un traidor entre ellos y el joven soldado se suicidó, creyendo que los oficiales sabían de su error. Durante la transformación en los reinos espirituales, Chloe descubrió que su novia no reveló ningún secreto a nadie, y su guía espiritual explicó que las lecciones de esa vida pasada giraban en torno a la confianza. Se le dio el mensaje de confiar en su intuición, de confiar en sus sentimientos, y de aprender a reconocer cuando algo se siente bien.

Cuando le pregunté a Chloe si hubo alguna instancia en su vida actual en que pudiera recordar que sabía o confiaba en que algo se sentía bien, ella habló de una vez cuando su hija era una bebé, así que la animé a recordar esa vez y a enfocarse en esos sentimientos. En esta etapa se dio cuenta de una sensación en su garganta la cual fue identificada como una adhesión de un espíritu, y después de retirarlo sentí que era importante asegurar que Chloe pudiera acceder al recurso de reconocer cuando algo se siente bien – esta habilidad sería esencial para que ella estuviera dispuesta a abrirse y a permitirse entrar en la relación futura que deseaba. Por lo tanto le di a Chloe la instrucción de cruzar sus brazos, y traer de vuelta a su consciencia los sentimientos que había experimentado con su hija cuando era bebé, que les permitiera intensificarse, y luego que los asiera con toques.

He encontrado consistentemente que el asimiento de recursos es una técnica maravillosamente sencilla y efectiva para anclar y subsecuentemente tener acceso a experiencias, emociones y cualidades positivas.

Resumen

Siempre es beneficioso incorporar a una sesión de regresión cualquier técnica que el cliente pueda usar después para ayudarse a sí mismo. Instalar una palabra clave para alcanzar inmediatamente un trance profundo, y el asimiento de recursos con toques pueden ser ambos considerados como 'herramientas para la vida', y de igual forma proporcionan al terapeuta atajos o métodos adicionales para ayudar a los clientes a procesar sus memorias y emociones.

Sobre la Autora

Chris Hanson BSc, DHP, MCH, GQHP, Dip RT

En 1971 Chris se graduó de la Universidad de Leeds con un B.Sc. en Bioquímica en relación con la medicina. Después de viajar bastante, ella calificó como hipnoterapeuta clínica con el Institute of Clinical Hypnosis en 1999 y se le otorgó el título de Master Hypnotherapist siete años después. Completó el entrenamiento Ultra Depth ™ de James Ramey con el ICH en el 2000, un curso avanzado de regresión a vidas pasadas en 2001 y ha asistido a cursos sobre EMDR, EMT, EFT y kinesiología psicológica. En el 2006, Chris se graduó como terapeuta de la regresión a la vida entre vidas con la PLRA, como terapeuta de regresión con ellos en 2010 y como entrenador certificado de la PLRA en 2012. Su clínica privada se encuentra en Surrey. Para mayor información mira su sitio web: *www.chrishansonhypnotherapy.com* o contáctala por email: *chrisyhanson@hotmail.com*.

Referencias

1. Ramey Hypnosis Association, website: *www.ultradepth.com*
2. Shapiro, F., Ph.D. *Eye Movement Desensitizing and Reprocessing – Basic Principles, Protocols and Procedures.* The Guildford Press, 2001 (2nd edition).
3. Friedberg, F., Ph.D. *Do-It-Yourself Eye Movement Technique for Emotional Healing*, New Harbinger, 2001.
4. Parnell, L., Ph.D. *Tapping In*, Sounds True, 2008.

8

Superando una Emergencia Espiritual

Janet Treloar

En todo el caos hay un cosmos,
en todo desorden hay un orden secreto.
No hay llegada a la consciencia sin dolor.

Carl Jung

Introducción

Mi emergencia espiritual cuando era joven tuvo un impacto dramático en mi vida. Me llevó al extremo de mis emociones y al borde de la locura. Aunque este tipo de experiencias puede ser muy dramático y aterrados, si se entiende y se apoya puede ser profundamente transformativo, ofreciendo la posibilidad de progreso y no de ruptura. Stanislav y Christina Grof, pioneros en este campo frecuentemente malentendido, usaron el término emergencia espiritual para ilustrar tanto el peligro como la oportunidad presentes en tales estados.

¿Qué es una emergencia espiritual? Durante un despertar de consciencia espiritual el proceso transformacional puede tornarse tan dramático que se hace incontrolable y llega a un punto de crisis llamado emergencia espiritual. Se le ha llamado la *noche oscura del alma, psicosis mística,* o *crisis* en la iniciación chamánica o *despertar Kundalini*. Angustia espontánea, estados alterados extremos, sobrecarga caótica de los sentidos, una afluencia de energía excesiva y consciencia psíquica tipifican el estado de crisis de una emergencia espiritual. Los episodios con frecuencia tienen temas espirituales, incluyendo aquellos del ego o la muerte psicológica y el renacimiento, sentimientos de unidad con el universo o la naturaleza, con varios seres divinos o míticos.

En contraste, un emerger espiritual es un proceso natural que podrá evolucionar gradualmente a lo largo de un periodo de tiempo o espontáneamente después de una intensa experiencia trascendental. Es frecuentemente fluido y fluye en armonía con los deseos de la persona y con la velocidad e intensidad de su desarrollo y despertar espiritual. Un emerger induce consciencia de una conexión más profunda con otras personas, con la naturaleza y el cosmos.

Durante un episodio de emergencia espiritual el individuo puede experimentar alguno o todos los siguientes:

- Ser bombardeado con experiencias internas.
- Tener viejas creencias y maneras de ser desafiado.
- Encontrar difícil soportar las demandas de la vida diaria.
- Tener dificultad para distinguir el mundo visionario interno del mundo externo de realidad diaria.
- Experimentar sensaciones físicas o energías fuertes a través del cuerpo.
- Sentir una fuerte urgencia de comunicar sus experiencias.
- Sonar fuera de contacto con la realidad, inconexo o mesiánico.

Es extremadamente difícil para un individuo en una crisis total que navegue exitosamente las aguas tormentosas por sí solo. Tiene que soportar experiencias dolorosas y confusas, sin saber cuándo surgirán, sin ser capaz de controlarlas y lidiar con un miedo intenso frecuentemente asociado con una emergencia espiritual. Con apoyo, entendimiento, técnicas y estrategias, una crisis puede evolucionar a un estado de emerger más controlado y estable. Luego el proceso de sanación y transformación puede continuar con seguridad a la velocidad e intensidad que elija el individuo.

El estado de emergencia para algunos puede convertirse en una experiencia extremadamente liberadora. Los condicionamientos culturales y sociales se desafían y activamente se rechazan. Muchos descubren como superar y crecer más allá de su propio ego. Pueden experimentar la muerte del ego y la pérdida de sí mismos en el proceso, eventualmente emergiendo brillantes y nuevos, trascendiendo el miedo a un nuevo lugar de libertad emocional.

Para otros la experiencia es como una pesadilla permanente. El premio está simplemente fuera de su alcance mientras batallan con sus experiencias y la supervivencia básica, intentando mantener juntos mente, cuerpo y alma. Una vez que se ha conquistado, el mundo parece un lugar muy distinto. Las prioridades y las circunstancias de la vida cambian, mientras las antiguas formas de vivir ya no se toleran. La transformación en cada aspecto de su vida puede ocurrir tanto externa como internamente. Simplemente como el amanecer de un nuevo día anuncia una nueva vida, nuevas experiencias y oportunidades para el cambio, asimismo lo hace el amanecer de la consciencia.

La transición de la emergencia al emerger permite una mayor apreciación y entendimiento de la consciencia despierta sin la naturaleza caótica y aleatoria de las experiencias espontáneas previas. Son ahora capaces de explorar con seguridad y trabajar activamente con esta consciencia elevada y expandida, todo el tiempo aprendiendo, sanando y creciendo. Puede ser un viaje de humildad e inspirador. El camino puede ser largo e irregular, pero hay un horizonte más luminoso a la distancia.

Actitudes hacia la Emergencia Espiritual a través de las Eras

A través de las eras, la *locura divina* fue casi un rito de paso en muchas culturas y religiones. Después de ello, se le daría apoyo de la comunidad a la persona y a aquellos que tomaron el viaje antes que esa persona. Revelaban sabiduría, guía y asistencia a través de la experiencia transformativa. De generación en generación el ciclo natural del conocimiento pasó de maestro a estudiante. Con una riqueza de conocimiento y entendimiento el pasaje del despertar podía ser apoyado de principio a fin. Aquellos que encontrasen un emerger eran tratados con respeto, amor y apoyo. Sus comunidades entendían que algo especial y transformativo estaba ocurriendo, un regalo del origen divino. Se ponían todos los esfuerzos para apoyar al individuo en su viaje, incluso se celebraba una vez que se completaba y se les daba la bienvenida de vuelta a sus comunidades. Eran reconocidos como diferentes a como eran antes y su renacimiento en el mundo como un alma más iluminada era celebrado.

En los últimos siglos el mundo ha aprendido mucho sobre el físico a través de la ciencia. La ciencia y la evidencia van de la mano y parecen haberse convertido en parte de la cultura occidental el tener desconfianza y rechazar aquellas cosas que no pueden ser científicamente probadas en condiciones de laboratorio. Esto incluye el conocimiento pasado a través de las eras con respecto a la emergencia espiritual y los métodos apropiados para asistir a las almas a través de ella. Hay una gran riqueza de información reveladora documentando el emerger espiritual y los puntos de crisis de todas las religiones y culturas. Se reconoce una y otra vez en las artes; gigantes literarios como Shakespeare y Wordsworth escribieron sobre ello.

Tristemente, en estos días, aquellos experimentando un emerger espiritual que entran en un punto de crisis o en una emergencia espiritual pueden encontrarse diagnosticados incorrectamente por profesionales médicos como sufriendo de un trastorno o desorden mental porque los síntomas son similares. Los doctores y los profesionales en salud mental trabajando bajo una estricta pauta de diagnóstico trazado en el Manual diagnóstico y estadístico de los trastornos mentales (en inglés *Diagnostic and Statistical Manual of Mental Disorders*, DSM) sin permitir un aspecto espiritual o transpersonal en el diagnosis, bien pueden clasificarlo como psicosis, comportamiento delirante o esquizofrenia, y la lista sigue.

Después de mucha investigación, el psicólogo americano David Lukoff recientemente logró que se introdujera un nuevo diagnosis del *problema religioso o espiritual* en el DSM IV. Esto puede con el tiempo proporcionar un cambio valioso en la percepción y el entendimiento de las personas con estas experiencias por aquellos que trabajan con la salud mental, y puede incrementar la consciencia sobre la emergencia espiritual. Permitirá que haya nuevas estrategias y planes de tratamiento dentro de una clínica de salud mental para aliviar y estabilizar los síntomas con el uso mínimo de medicamentos e inútiles etiquetas estigmatizantes.

El planeta está evolucionando y nosotros también. La influencia del rápido cambio vibratorio probablemente resulte en casos de emerger y emergencia espiritual, haciéndolos más comunes. Tanto los profesionales en salud mental como los terapeutas necesitan saber cómo asistir efectivamente a aquellos en medio de una crisis, permitiendo que el proceso de sanación y de transformación positiva suceda hasta su terminación. Si la emergencia espiritual es suprimida a través de medicamentos o una falta de entendimiento y apoyo, puede permanecer indefinidamente y causar un riesgo mayor de problemas de salud mentales, emocionales y físicos.

CAUSAS DE UNA EMERGENCIA ESPIRITUAL

Cualquiera de los temas siguientes en pueden comúnmente llevar a una emergencia espiritual, ya sea con el tiempo o espontáneamente:

Experiencias de Vidas Pasadas
El contenido sin sanar y resolver puede llevar a una crisis.

Adhesiones de Espíritus
Éstas interfieren con el campo energético y pueden influenciar al anfitrión.

Experiencias Cercanas a la Muerte (NDEs/*Near Death Experiences* en inglés) y el Nacimiento
Las experiencias de una nueva vida y de la muerte conectan a las personas con su mortalidad física y su habilidad de trascenderla.

Estados Alterados de Consciencia Inducidos por Drogas
El uso expansivo de la mente de: drogas psicoactivas como el alcohol y opiáceos, alucinógenos tradicionales de culturas indígenas como hongos mágicos, ayahuasca peruana, drogas psicodélicas como el LSD y el DMT y drogas recreativas como el cannabis (varias formas como cepas mejoradas y la marihuana

cruzada llamada 'skunk', tienen una tendencia mayor a causar paranoia que un estado de crisis).

Crisis de Apertura Psíquica
Los estados alterados de consciencia (ASC, *Altered states of consciousness* en inglés) Experiencias Fuera del Cuerpo (OBE, *Out of Body Experiences* en inglés), fenómenos Psíquicos, Canalizaciones, Telepatía, Clarividencia, Clariaudiencia, ESP.

Práctica Espiritual y Experiencia Mística Espontánea
El uso intensivo de prácticas espirituales o religiosas tales como la meditación o la oración. También las experiencias álgidas donde la persona se siente más viva y entera de lo usual. Estas pueden ser experiencias místicas o divinas, aunque las experiencias álgidas pueden ser también alcanzadas en momentos de extremo estímulo emocional y físico.

Despertar Kundalini
Activar la energía latente de la *serpiente enroscada* puede llevar a una sobrecarga sensorial extrema, incluyendo sensaciones físicas tales como un fuego que todo lo consume quemando al sujeto.

Crisis Chamánica
Durante un viaje al inframundo y encontrando experiencias desagradables de muerte y aniquilación.

Muerte del Ego y la Noche Oscura del Alma
La disolución y perdida del ser, experiencias de angustia interminable de *muerte*, conforme el ego muere y el renacimiento intenta tener lugar.

Renovación Psicológica a través del Arquetipo Central
Sobre-identificación con los poderes del bien frente al mal y fuerzas cósmicas con una convicción de que el resultado es crítico para el mundo.

Abducción Alienígena y Encuentros Cercanos con OVNIs o ETs
Pensamientos de esto aunado al estrés y con frecuencia al miedo.

Estrés Extremo, Shock Físico o emocional o Trauma
Esto puede llevar a una crisis espiritual espontánea, ya que la energía bloqueada explota.

Una de las razones por las que las emergencias espirituales en el oeste están incrementando es debido a un interés creciente en las tradiciones espirituales alrededor del mundo. Esto puede llevar a un enfoque de 'hazlo por ti mismo' que los incorpora sin el soporte y guía de maestros altamente experimentados en un entorno seguro y de apoyo.

MISTICISMO Y PSICOSIS

Una pregunta que debe ser preguntada es cómo diferenciar entre una emergencia espiritual y la psicosis. Dado que el término psicosis no está definido precisamente, no es posible realizar siempre una distinción clara. En su libro *The Stormy Search for the Self*,[1] el psiquiatra y pionero en esta área Stanislov Grof proporciona una pauta para cuando es apropiado tratar a un cliente sufriendo los síntomas de una emergencia espiritual y cuándo referirse a un profesional de la salud mental.

Las personas que están teniendo una emergencia espiritual son reflexivas y están conscientes de que los cambios en su mundo de experiencias se deben a sus propias experiencias internas, incluso si no parecen ser capaces de controlarlo. Pueden estar desconcertados y confundidos pero mostrando una disposición a recibir consejo y ayuda. Un ejemplo es, 'tengo imágenes que parecen venir de otra cultura y en ocasiones es como si estuviera viviéndolo de nuevo, aunque no creo en la reencarnación. En ocasiones veo luces brillantes, espíritus y fantasmas. ¿Qué me está pasando? ¿Me estoy volviendo loco?'

Aquellos que son psicóticos pueden estar sufriendo de un estado de paranoia o alucinación, y estar actuando bajo su influencia. No son reflexivos o capaces de abordarse con consejo o terapia, incluso si ciertos aspectos pueden parecer los de una emergencia espiritual. Un ejemplo es, 'necesito compartir mi mensaje con la población de la tierra. Estoy trabajando con extraterrestres en una nave nodriza y van a apagar todas las televisiones para que se pueda mostrar mi programa. Los visité anoche y están cerca de terminar la forma para hacerlo. Necesito salvar al mundo y nadie me puede convencer de lo contrario.'

Si te encuentras en duda, siempre es aconsejable referirse a una opinión médica antes de proceder. Algunos clientes pueden mostrarse renuentes a hablar con su doctor por miedo a una posible etiqueta de salud mental, medicación o reclusión. Pueden sentirse avergonzados y encontrar difícil articular su experiencia. Es importante que reciban la ayuda apropiada y la revisión médica eliminará la posibilidad de enfermedades orgánicas que se sabe alteran la consciencia. Esto incluye la encefalitis, meningitis y otras enfermedades infecciosas, arteriosclerosis cerebral, tumores temporales, uremia y otras enfermedades que requieren tratamiento médico. Pueden también requerir una evaluación de salud mental.

IDENTIFICACIÓN DE UNA EMERGENCIA ESPIRITUAL

Se debe tomar gran cuidado cuando se identifica una emergencia espiritual y evaluar si es apropiado trabajar con el cliente. Si un terapeuta no es médico y profesional de la salud mental, es recomendable asegurarse que el cliente consulte a su doctor. La siguiente información fue tomada del libro de Grofk, *The Stormy Search for the Self*. Estos son los criterios para identificar una emergencia espiritual u otras experiencias trascendentales o transpersonales:

- La profundidad e intensidad de la experiencia, su fluidez y el grado en que el individuo puede funcionar en la vida diaria.

- Su actitud hacia lo que está ocurriendo. Ya sea que el proceso se vea como algo emocionante y valioso, o como aterrador y abrumador.

- La habilidad de manejar el ser parte del resto de la sociedad.

- El grado de discriminación de aquellos con quienes ellos hablan sobre la experiencia y el lenguaje que utilizan.

Una emergencia espiritual ha de ser distinguida de enfermedades estrictamente médicas y mentales cuando se evalúa la conveniencia para trabajar con el cliente. Cuando se está decidiendo si estamos tratando con una emergencia espiritual, los signos favorables son:

- Una condición psicológica razonable antes del episodio.

- La habilidad de considerar la posibilidad de que el proceso puede originarse en la psique de uno mismo.

- Suficiente confianza y rapport para cooperar y una disposición para honrar las reglas básicas del tratamiento y los límites.

Ten precaución o evítalos cuando:

- Hay una historia de toda la vida de dificultades psicológicas y de ajuste social.

- Se encuentran confusos y el contenido de sus experiencias está pobremente organizado, tienen síntomas de esquizofrenia, fuertes elementos maníacos, el uso sistemático de la proyección o presencia de voces persecutoras y delirios.

Mi Propia Emergencia Espiritual

Para ilustrar cómo una emergencia espiritual a largo plazo se puede sentir para el individuo y mostrarse al mundo exterior, he incluido mi propia experiencia.

Cuando era una niña y estaba yo creciendo, vivía entre dos mundos, o al menos así me parecía a mí – uno que mi familia podía ver y uno que no podía ver. Sentía cambios en la energía y veía lo que parecían ser otros periodos en el tiempo o dimensiones. Los espíritus de todo nivel vibratorio aparecían en mi casa y muchos elegían comunicarse. Mi favorito era un ancestro excéntrico quien portaba un sombrero de copa y traía un mono sobre su hombro, y me contaba historias del circo todas las noches a la hora de dormir. Mi memoria más temprana es de cuando estaba parada en mi cuna mientras una dama elegante, vestida con ropa de los 50's me arrullaba y me consolaba hasta que venía mi madre. Años después descubrí que esta era probablemente una relación que murió hace mucho tiempo. No sé cuándo comenzó mi emerger espiritual, así que puedo sólo asumir que así fue como nací.

Esto puede sonar como una infancia idílica. Nacía abierta y receptiva, instintivamente consciente de que las fronteras del tiempo, espacio e incluso de la muerte, no existen. Al tanto de la visión espiritual, y la sabiduría se descargaba o literalmente caía en mi mente incluso si no entendía el significado o era incapaz de ponerla en palabras.

Pronto noté que mi familia no compartía ninguna de estas experiencias. Me sentí mal al ser diferente y estaba consciente de que algo estaba mal. Inicialmente se me dijo que tenía una imaginación hiperactiva, que soñaba despierta, hipersensible o simplemente tonta. Cada vez más me guardé mis experiencias para mí misma, y sólo compartía aquellas que eran dramáticas y no las podía esconder. En este punto la reacción de mi familia se hizo cada vez peor. Insinuaciones de que lo inventaba, de que estaba siendo infantil o estúpida me dejaban sintiendo anormal. Sentí que iban en retroceso y me miraban como si no me reconocieran, o peor, con disgusto o miedo. En retrospectiva mi familia no tenía conocimiento de tales cosas, no quería animar a tal comportamiento extraño y pensaba que la negación era la mejor forma de proceder. Especialmente dado que no se enfrentaban con evidencia que pudiera sacudir sus creencias centrales y entendimiento de cómo funciona el mundo. Ellos me amaban, pero simplemente no sabían cómo ayudar.

Crecí dibujando un cuidadoso balance entre lo que me decía a mi misma que era *real* y lo que no era. Trataba de vivir sólo en el mundo que mis amigos y mi familia veían, y no hablaba de mis experiencias con nadie, aunque se convirtieron progresivamente más frecuentes y difíciles de distinguir del mundo real. Viendo atrás, el estrés era evidente. Cuando tenía nueve o diez años no podía concentrarme en mi trabajo escolar y mis calificaciones eran terribles. Me arranqué todas las pestañas y vivía temiendo lo que ocurriría después. Sentía que incluso los espíritus se habían puesto en mi contra. Los amigables ya no venían nunca, sólo venían aquellos afligidos que parecían estar tan asustados como yo. Dedos invisibles me picaban y pinchaban, y uno hasta me hizo tropezar en las escaleras.

Mi emerger se había convertido en una emergencia. Mis dos mundos comenzaron a fundirse en uno. Estaba plagada con premoniciones, acostada en mi cama con los ojos bien abiertos viendo un incendio forestal o un accidente de helicóptero que parecía estar en el cuarto conmigo, sólo para ver exactamente las mismas imágenes en las noticias unos días después. Aunque no me daba cuenta de ello en ese entonces, mi propia energía intensa y fracturada comenzó a causar estragos por sí misma. Entraba en un cuarto y los objetos comenzaban a sacudirse y vibrar, las cortinas oleaban con las ventanas firmemente cerradas. Basta con decir que me empezó a dar miedo mi propia sombra, provocada por experiencias que no entendía y temiendo por mi cordura.

Eventualmente le confié a una amiga que los nombres y las fechas continuaban surgiendo en mi cabeza, así que ella me sugirió que las escribiera aunque parecieran aleatorias e insignificantes. Luego, un día llegó un árbol familiar de relaciones distantes en el correo. Conforme la familia lo leía cuidadosamente y rastreaba la línea familiar hasta los 1700s, habían dos nombres de ancestros que yo había escrito – Sarah, una madre, y Richard, el hijo. Podía verlos claramente e incluso describir detalladamente la casa de su familia, dado que había estado viéndolos a ellos y a la casa por semanas con mi ojo mental. Mi padre encontró un libro con imágenes y fotos de la enorme casa de la familia. De pronto aquí estaban mis visiones en realidad, no estaba todo simplemente en mi mente y era difícil negarlo.

Alrededor del mismo tiempo tuve dos experiencias aterradoras. La primera fue cuando me sentí cerca de la muerte mientras estaba en mi cama atrapada en otra dimensión y estaba siendo atacada. Petrificada y demasiado asustada para volver a dormir, mi familia estaba visiblemente alterada también. En ese tiempo dos de ellos habían estado soñando que yo estaba en peligro inminente y que no me podían ayudar. La segunda fue cuando estaba en casa de una amiga y una entidad tomó control total de mi cuerpo. Me quedé rígida en la cama y no me podía levantar, mientras la energía de un hombre usaba mi voz para dar un mensaje a una amiga de la escuela. Él había abusado de ella y quería decir que lo sentía antes de seguir adelante. Él me mostró sus memorias de lo que había hecho y yo era incapaz de detenerlo. Estas eran visiones que una niña no debía ver, y mucho menos experimentar.

Las experiencias supernaturales continuaron sin disminuir, si estaba despierta o dormida, en compañía de otros o sola. Me hice adepta en ignorar las experiencias tremendamente vívidas e interactivas que ocurrían mientras tenía una conversación con mi familia o veía la televisión. Externamente es probable que parecía callada, nerviosa y en mi propio mundo – bastante literalmente. Internamente estaba desesperada por normalizar mi experiencia. Otro mundo, o dimensión, se había superpuesto al mío y yo estaba de alguna manera viviendo en ambos.

Un día me senté en mi habitación tratando de concentrarme en mi tarea, miré arriba para ver una escena en un bosque, algo que había experimentado antes en un menor grado. Esta vez estaba en él, total y completamente. Mi mundo *real* estaba desvaneciéndose en un segundo plano y surgió dolorosamente en mí un miedo de que quizás no iba a poder volver nunca. Lentamente bajé las escaleras, viendo el bosque, pero sintiendo el muro y concentrándome en los sonidos de mi casa, que sabía que eran reales. Aterrada y convencida de que la demencia finalmente me había llevado, le dije a mi madre que sentía que necesitaba ir a un hospital de salud mental local. Recuerdo sentir que necesitaba encerrarme por la seguridad mía y de los otros. En ese momento me había de alguna manera perdido a mí misma, había perdido todo sentido de realidad y el marco de conceptos en el que vivimos como humanos. En crédito total a mi madre, aunque estaba conmocionada, inmediatamente apreció cuán espantada estaba y aceptó que la situación no podía seguir siendo ignorada. En vez de llevarme al doctor o a una unidad psiquiátrica, me llevó con una vecina, una respetada médium de 90 años quien me recibió cálidamente, explicando que había esperado ese día desde que había nacido.

Me tomó otros tres meses efectivamente transformar mi emergencia espiritual en algo más benigno y para que me sintiera cada vez con más confianza para afrontarlo sola.

La médium era un alma sabia e iluminada quien gentilmente y con calma me explicó cuán normales mis experiencias eran para muchos a través de la historia y en otras culturas y religiones. Ella me ayudó a entender lo que eran, por qué las estaba teniendo y la estructura básica de los reinos espirituales y nuestra trascendencia de la consciencia. Con numerosas tasas de té, ella validó mis experiencias, puso la mente de mi madre en reposo y compartió grandes revelaciones y sabiduría con humor, calidez, y sobre todo normalidad.

Pronto había enlistado la ayuda de la SAGB (Spiritualist Association of Great Britain). En una reunión en su oficina central, un grupo de médiums experimentados confirmaron que tenía un *don*, pero estaba totalmente abierta energéticamente. Ellos amablemente me ofrecieron entrenarme. Esto era inusual para alguien tan joven, pero parecía apropiado considerando mi historia. Emocionada, aprendí a evitar el don e inflexiblemente insistí que no quería más entrenamientos. Intentaron disuadirme de mi decisión porque bloquear energía durante un largo periodo, o cualquier forma de supresión, puede ser insalubre para la mente, el cuerpo y el alma. Ignoré rápidamente las advertencias por sentirme tan aliviada al descubrir que podía prevenir estas experiencias.

Una vez que comencé a relajarme y a confiar en ellos, cada vez trabajaron más y más. Ejercicios en meditación, visualización, bloqueo y protección se realizaban con oraciones solicitando asistencia. Los llevaba acabo en la mañana y en la noche y estaba finalmente en control de mi energía y mi percepción extra-sensorial. No obstante, a través de mi miedo subyacente, creé un caparazón como un bloque permanente de concreto alrededor de mi campo energético con la intención de que nada pudiera penetrarlo.

Las experiencias espirituales eran cosa del pasado. Estaba aliviada sin medida y me convertí en una adolescente normal. Sin embargo, por semanas frecuentemente lloraba en las noches sin saber por qué. Había cerrado la puerta a una parte de mi vida, la excluí como un incidente vergonzoso y pesaroso del pasado. Con el tiempo intenté convencerme a mí misma que todas las experiencias las había imaginado, e incluso ignoré la evidencia convincente y verificable de lo contrario. Tenía que llegar a conocer quién era ahora.

Durante los años siguientes, incidentes desconocidos disparaban una experiencia gráfica completa. Incrementaba mi nivel de bloqueo y protección y rezaba que no ocurriera de nuevo. Pretendía que esa parte de mi vida no existía y por lo tanto elegía ignorarla en vez de hablar con alguien conocedor sobre estas experiencias.

A los dieciséis años dejé la escuela. Eran los 80's y el momento de auge en el centro financiero de Londres. Me aseguré un trabajo en un banco líder y la vida era buena. Mi vida normal

Superando una Emergencia Espiritual

continuó por los siguientes dos años hasta que fui diagnosticada con Síndrome de Fatiga Crónica (CFS, *Chronic Fatigue Syndrome* por sus siglas en inglés) después de un combate prolongado con la gripe. Esto es un agotamiento abrumador físico y mental que no mejora fácilmente con descansar. En ese tiempo me sentía pésimo y sufrí por más de dos años sus síntomas. En retrospectiva fue un punto de inflexión, dado que aprendí sobre la salud alternativa y me hice consciente de la naturaleza estancada de mi energía. Hay casos de Encefalomielitis Miálgica (ME *Myalgic Encephalomyelitis*) y de CFS que están vinculados con una emergencia espiritual. En mi caso la fatiga fue amplificada por mi severo bloqueo energético, el cual no permitía el paso de cualquier energía fresca hacia dentro o hacia fuera. No había salida para mi energía o expresión de ella.

A lo largo de los años siguientes continuaron ocurriendo experiencias sobrenaturales, lo cual me llevó a investigar, desarrollar y entrenarme en una variedad de campos que involucran la energía, el desarrollo psíquico, la sanación espiritual, la canalización, las energías terrestres, la liberación de espíritus; y como terapeuta de regresión. A través de esto me liberé del riesgo de entrar en un estado de *emergencia* de nuevo y también me permitió ayudar a otros. Había aprendido tanto sobre mi propia metamorfosis – lo que funcionaba bien, lo que no, las dificultades, y el apoyo necesario.

Estaba encontrando cada vez a más y más clientes que estaban atravesando una emergencia espiritual. A través de mi propia experiencia personal y del trabajo de Stanislov y Christina Grof, ideé un marco teórico y las directrices para asistir a clientes experimentando una emergencia espiritual.

Técnicas y Estrategias para Superar una Emergencia Espiritual

Normalizar la Experiencia

Lo primero es reconocer y validad las experiencias. Muchos en crisis sienten que nadie ha pasado nunca antes por lo que ellos están experimentando. Es profundamente tranquilizador para ellos saber que otras personas han tenido experiencias similares durante una crisis. Apoyo continuo y hablar de las experiencias es extremadamente útil, dándole tiempo al individuo para hacerse consciente de lo que puede estar pasando y por qué.

Suspender Prácticas Espirituales

Es recomendable que toda práctica espiritual sea detenida hasta un momento en el que la energía del cliente y la crisis sean estabilizados.

Limpiar Energía Intrusiva

Revisa si hay energía intrusiva y limpia tanta como posible sin involucrar al cliente conscientemente. Si el cliente está en un estado energético inestable, recomendaría usar sólo métodos intuitivos que no involucren que el cliente esté al tanto, tal como pedir a los guías espirituales que ayuden y la técnica de liberación de energía oscura descrita en el capítulo 2. No intentes hablar con la adhesión espiritual a través del cliente mientras se encuentre energéticamente inestable.

Manejo de Energía

En la vida tendemos a tener una rutina diaria para mantener nuestros cuerpos físicos descansados, renovados, limpios, alimentados y protegidos de los elementos. Lo mismo debe aplicarse con nuestros cuerpos energéticos. Aunque no veamos nuestra energía, somos muy conscientes cuando está fuera de balance, permitiendo la enfermedad y que toda forma de desbalances físicos, emocionales, mentales y espirituales ocurran. La energía se encuentra naturalmente fluyendo dentro de nosotros y a través de nosotros todo el tiempo, necesitando un acto de balanceo sutil entre la energía del cuerpo, el yo espiritual y las influencias energéticas externas. Mientras más abiertos o despiertos nos hagamos, más incrementará nuestra sensibilidad a todas las energías, de toda vibración, lo cual puede afectar este delicado balance leve o dramáticamente.

Se piensa que globalmente está ocurriendo un despertar y movimiento hacia tener un cuerpo energético más ligero. Con los cuerpos energéticos haciéndose más ligeros, es probable que tanto oportunidades como dificultades serán encontradas energéticamente. Quizás esta sea otra razón por qué estamos viendo que incrementa el número de casos de emergencia espiritual.

El Manejo de Energía se enfoca en la atención y el cuidado de nuestro cuerpo energético. Automáticamente satisfacemos las necesidades de nuestro cuerpo físico, así que tiene mucho sentido tratar nuestro cuerpo energético con el mismo nivel de atención, de cuidado y respeto.

Aquí yo predominantemente me enfoco en las características clave del asentamiento y protección cruciales para estabilizar y asistir a una crisis energética. Otras áreas de manejo de energía con las cuales te querrás familiarizar son la limpieza, balanceo, sanación y consciencia de los chakras, los centros de energía y la apertura y sellado energéticos. El libro de Sue Allen *Spirit Release: A Practical Handbook* [2] incluye un excelente capítulo sobre el Manejo de Energía.

Aterrizar

El aterrizar tiene como objetivo traernos literalmente *de vuelta a la tierra* a través de restablecer nuestra conexión con ella y enfocando nuestra atención en el momento presente, así incorporándonos. Ayuda a mantener un balance entre nuestros cuerpos físicos y espirituales. Cuando no estamos asentados nos podemos sentir desconectados e idos. El estar abiertos energéticamente sin estar asentados, está, en mi opinión, simplemente invitando problemas. Estamos viviendo vidas humanas con cuerpos físicos y por lo tanto el balance energético necesita ser mantenido para el bienestar tanto físico como espiritual.

El aterrizar está intrínsecamente vinculado con el rol del chakra raíz, el sitio energético ubicado en la base de la columna llamado Muladhara en sánscrito. Los caminos de energía fluyen a través de este chakra como raíces de un árbol extendiéndose hacia abajo para aterrizarnos. Está asociado con el elemento tierra, el sentido del olfato, y la acción de la excreción. Su función es actuar como un barómetro y responder a cualquier problema relacionado con nuestra supervivencia personal, salud y estado físico, asentamiento, estabilidad y seguridad. Se dice que cuando uno se encuentra fuera de balance, síntomas tales como una mente desconcentrada, un sentimiento de estar ido, letargo mental, ser incapaz de estar quieto y una dificultad para lograr objetivos puede surgir. Es evidente que pueden surgir problemas en cualquier momento debido a una falta de asentamiento. El chakra raíz enfatiza la importancia de estar asentado en el aquí y ahora.

Cuando elijas y desarrolles tus propias técnicas para aterrizar, querrás incorporar aspectos relacionados al chakra raíz para complementar y asistir el proceso de asentamiento. He incluido la mayoría de estas características en los ejercicios par aterrizar sugeridos más adelante en el capítulo.

Aterrizar y Emergencia Espiritual

Para estabilizar y comenzar el proceso de desplazamiento de un estado de emergencia a uno de emerger, el aterrizar es esencial. Son los cimientos que van a fundamentar el resto del trabajo.

En tiempos de emergencia espiritual o crisis, el cuerpo energético está fracturado, errático, absorbiendo y expulsando energía. Los chakras o sitios energéticos están fuera de sincronización, el chakra raíz asociado con nuestra conexión a la tierra puede estar bloqueado o no completamente empleado, y el chakra de la coronilla en la parte superior de la cabeza puede estar abierto de par en par. Con frecuencia durante una crisis está presente un exceso de energía que se puede sentir físicamente. Aquellos que han experimentado esta energía han descrito la sensación como un sentimiento pulsante o intensos choques eléctricos o tremores reverberantes a través de su cuerpo entero. El cuerpo energético experimenta una sensibilidad y vulnerabilidad incrementados al entorno y a la energía intrusiva, recogiendo todo tipo de energía residual. Se vuelven altamente receptivos y afectados por todo desde la radiación electromagnética de las computadoras, teléfonos móviles y líneas eléctricas e incluso pueden detectar las vibraciones en los objetos. Pueden sentir niveles extremos de emociones y pensamientos de otros como si indirectamente actuaran como el ojo de la tormenta, atrayendo la energía a su propio campo energético.

La mayoría de nosotros hemos experimentado una versión leve de esta ocurrencia en el pasado: cuando hemos estado en una multitud, en un tren repleto de pasajeros cansados por el trabajo, o en una larga fila, por ejemplo. De pronto te das cuenta de que sientes más emociones negativas que antes, quizás ansioso o frustrado, y te das cuenta que has incursionado al sentimiento colectivo de aquellos a tu alrededor. Al volver al presente y asentarte, puedes rápidamente sacudir el sentimiento y ser tú mismo de nuevo. Para aquellos en crisis la experiencia puede ser cien o incluso miles de veces más intensa y totalmente abrumadora – confusión, miedo y pánico atado al bombardeo de los sentimientos de otros. Si no quieren saber cómo detenerse y asentar las energías, el ciclo naturalmente continuará y se expandirá. La protección energética, de la cual hablaré más adelante, juega un rol significativo en el manejo de energía y va de la mano con el asentamiento para prevenir muchos de estos sucesos. El primer paso y más crucial es el asentamiento de la energía.

Los episodios de emergencia espiritual pueden ser aterradores y confusos. Pueden también involucrar periodos extáticos y trascendentales. Como tal podemos encontrar resistencia o miedo subyacente cuando se aborda la necesidad de asentamiento con alguien en crisis. Incluso en la profundidad de una emergencia espiritual, el cliente puede desconfiar de su cuerpo o no querer estar completamente en él. Esto puede ser debido al miedo de perder vistazos poco comunes de iluminación, o quizás no se sientan seguros en su cuerpo debido a un trauma físico sin resolver, miedo o abuso.

Aquellos que han activamente trabajado en abrir su sensibilidad y desarrollar aspectos latentes de su cuerpo energético, tal como despertar la energía Kundalini, pueden ser particularmente renuentes al aterrizar y control de su energía. Finalmente es su decisión, el aterrizar no se puede forzar en nadie. No obstante, es el fundamento para la navegación exitosa de una emergencia hacia un emerger. Aborda y apacigua cualquier miedo si es que surge y enfoca al individuo en vez de ello en los aspectos positivos y en los beneficios a largo plazo de regularmente asentarse tanto para su salud como para la calidad de su trabajo energético y despertar seguro en el futuro, una vez que su crisis energética esté bajo control.

Antes de discutir qué ejercicios de aterrizar son los más apropiados para alguien en crisis, miremos primero el rol de la concientización en el asentamiento y por qué es una característica integral para asegurarse de que los ejercicios son completamente efectivos y no simplemente un proceso emprendido mientras la mente permanece a millas de distancia en otra experiencia.

Concientización

La concientización tiene sus raíces en la filosofía Budista y es una consciencia atenta de la realidad del momento presente. Su simplicidad y efectividad como una herramienta para hacer frente a muchas condiciones le permitió entrar en la medicina occidental tradicional y es ahora usada en los sistemas de salud del Reino Unido y de los Estados Unidos. Combinada con el aterrizar, la concientización puede ser increíblemente efectiva en muchas situaciones. Tiene una reputación de ser particularmente útil durante una disociación, pánico, fuertes deseos impulsivos, *flashbacks*, ansiedad severa e intensa alteración emocional. Dado que una crisis espiritual puede incluir alguno o todos estos síntomas, añadir la instrucción de concientización básica mejorará en gran medida los resultados obtenidos cuando se enseñen las técnicas de aterrizar.

La concientización ocurre cuando nos enfocamos en el presente usando nuestros cinco sentidos físicos para experimentar todo sobre el momento en el que estamos, sin importar cuán mundano o inconsecuente sea. Por ejemplo, si se está llevando a cabo una actividad rutinaria, como lavar el coche, cuando se usa la concientización te enfocas puramente en la actividad en cuestión. Todos los sentidos están ocupados en el momento presente y no están pensando en nada más. Enfócate en la temperatura del agua enjabonada, cómo se siente mover la esponja mojada sobre el coche; en tus pies sintiendo el piso debajo, las acciones de tu cuerpo conforme te mueves y estiras, los sonidos a tu alrededor, el olor del agente limpiador, incluso el brillo de la pintura conforme limpias tu coche. Cuando tu consciencia está únicamente en el momento presente, todos los pensamientos están enfocados en los detalles que tus sentidos están percibiendo, naturalmente te haces presente, sacando los pensamientos intrusivos de tu mente.

En su libro *In Case of Spiritual Emergency*[3] Catherine Lucas da crédito a la concientización como un factor vital cuando trató con su propia emergencia espiritual, la cual continuó por varios años, y aconseja a los demás utilizar las técnicas de concientización para moverse exitosamente a través de su crisis y despertar. Ella dice que 'la concientización puede aliviar cualquier sufrimiento que estemos experimentando' y considera los elementos del asentamiento y el trabajo con el miedo intenso son los aspectos más importantes de la concientización para ayudar a hacer frente específicamente a una crisis espiritual.

Para leer más sobre el tema y las maneras en las que puede ser incorporado en la vida diaria, mira la lista de recomendaciones al final del capítulo.

Ejercicios para Aterrizar

Yo animo a los clientes a hacer el aterrizar parte de su rutina diaria. Mientras más lo practiquen y utilicen las técnicas, más balanceada y estable va a ser su energía. Aquí hay algunos ejercicios populares para aterrizar. Yo aconsejo a los clientes que practiquen varios para que puedan ocuparlos cuando lo necesiten, según sea el caso. El primero es un ejercicio simple y universal.

Coloca tus pies en el piso y enfócate en las sensaciones de tus pies en el suelo debajo de ti conforme te mueves, estirando y flexionando tus pies y sus dedos. Camina un poco y pisa con fuerza si lo deseas. Ocupa todos tus sentidos. Enfócate en el suelo debajo de ti y nota cuán sólido se siente, y conforme tomas algunas respiraciones lentas y profundas, permite que la energía fluya hacia abajo a través de tu cuerpo. Puedes sentir esto o simplemente determinar la intención de que ocurra. Continúa hasta que vuelva un sentimiento de equilibrio. Puede tomar algunos minutos inicialmente pero con la práctica se puede hacer en segundos.

Para aquellos en medio de una crisis, añade a esto la liberación de energía o emoción excesiva hacia abajo a través de tu cuerpo y saliendo por tus pies. Palabras alentadoras como **libera, libera, libera** se pueden decir ya se internamente o externamente para asistir al proceso. Al igual que con los pies, la energía se puede disipar a través de las palmas de tus manos llevándolas al piso o a la tierra también.

Este ejercicio se puede hacer donde sea, sin embargo durante la crisis es útil salir y estar en la naturaleza, directamente asentándose y liberando hacia la tierra misma.

Cualquier de los siguientes ejercicios puede ser añadido conforme sea necesario. He incluido ejercicios que dirigen el uso de cada uno de los diferentes sentidos como un medio para asentarse por variedad y adaptación.

Físico

- Date palmadas en las extremidades. Esto se vincula con los canales meridianos y es un ejercicio muy centrador. Date palmadas en los brazos desde el hombro hasta la muñeca empezando con el brazo izquierdo y luego el derecho. Luego date palmadas firmemente en la parte interior de cada muñeca. Continúa con las piernas, trabajando otra vez de arriba hacia abajo, todo mientras respiras de manera fácil y uniforme.

- Pon tus manos palma con palma, como un aplauso, permaneciendo consciente de todo lo que percibes desde las sensaciones que se crean en las manos y los brazos hasta los sonidos y demás.
- Toma un vaso de agua o una bebida caliente con una galleta. La comida caliente y aquella comida asociada con el chakra raíz tal como las proteínas y la carne son buenos para ayudar a aterrizar.
- Haz un poco de jardinería mientras permaneces en concientización; siente la tierra mientras plantas o cavas.
- Las actividades de limpieza y otras actividades físicas tal como la decoración pueden ayudar a aterrizar si te enfocas en el aspecto de concientización de cada actividad y tomas la energía primero hacia dentro de tus pies.
- El ejercicio es una manera excelente para aterrizar de nuevo permaneciendo en concientización. Salte a correr o da toma una caminata larga en el parque o en alrededores naturales, tal como en el bosque o en la playa.
- Cuando estés en la naturaleza conecta con ella, recuéstate sobre un árbol o, si lo deseas, ¡dale un abrazo! Usa tus palmas y pies, enfocándote en el sentimiento de conexión con la tierra.
- Simplemente recuéstate en el piso y siente la conexión en la longitud total de tu cuerpo.

En ocasiones de intensas experiencias disociativas y alterantes, usar el sentido físico del tacto puede ser la forma más apropiada para traerte al presente y aterrizar rápida y efectivamente. Para las veces en las que el aterrizar es particularmente difícil, actividades alternativas pueden ser tomar una ducha fría o poner una liga alrededor de la muñeca y dar chasquidos contra la piel. Esto rompe y trae la atención de vuelta al cuerpo y al aquí y ahora.

Visual

Una vez que hayas establecido tu conexión con el suelo debajo de tus pies, visualmente toma tomo lo que hay a tu alrededor y mentalmente nota todo lo que vez, dándote cuenta de los detalles mundanos, tal como un portarretratos que está chueco.

Auditivo

Para el enfoque auditivo conecta con el suelo primero y luego escucha todos los sonidos que notas a tu alrededor. Escucha los matices, las capas de sonido y demás.

Olfativo

Oler sales era una forma común y efectiva de tratar con lo que era comúnmente conocido como la histeria en el pasado. Un olor fuerte e intenso te puede traer de vuelta al aquí y ahora rápidamente, y el sentido del olfato está asociado con el chakra raíz. Sugiero que experimentes con incienso y aceites que se sabe que activan el chakra raíz para asentarse, tal como madera de cedro, pachulí, mirra, almizcle y lavanda. Si cualquiera de estos dispara memorias negativas es mejor evitarlo. Puedes querer experimentar con otros aromas, pero te cuidado de no usar nada con químicos sintéticos, lo cual puede ser peligroso o puede inducir posiblemente a un estado alterado.

Materiales y Remedios Naturales de la Tierra

- Cristales. Coloca un cristal que aterriza a tus pies o tómalo en tu mano y pide asistencia para aterrizar. Intenta con piedras boji, hematites y cuarzo ahumado, todas consideradas excelentes piedras para aterrizar y anclajar. Algunos otros cristales asociados con el balance del chakra raíz o los charktas base son el ojo de tigre, ágata, sanguinaria, granet, rubí y el ónix.
- Aceites esenciales e incienso. Los aromas, como mencionado anteriormente, son olfativos. Para realzar los beneficios, una mezcla de aceites específicamente para asentarse se puede atomizar en el cuarto o puede ser colocado directamente sobre la piel.
- La terapia homeopática y de Flores de Bach ofrecen remedios naturales y medicinas para aterrizar.

Incorporación de un Nivel de Imaginación Creativa

Durante episodios intensos de crisis, es recomendable aterrizar con concientización, utilizando los cinco sentidos físicos excluyendo todo lo demás. El uso de la creatividad y del simbolismo, tal como imaginar las raíces de un árbol a través de las plantas de los pies, puede por lo tanto dificultar el proceso, dado que la parte creativa de la mente está activada. Durante un periodo más tranquilo, no obstante, la visualización puede ser útil, interactiva y disfrutable.

- Seguido del primer ejercicio de conectar tus pies con la tierra, imagina unas raíces asentadoras como las raíces de un árbol sabio y antiguo creciendo desde las plantas de tus pies, expandiéndose hacia abajo en el suelo. Siente la protección y la seguridad de la tierra anclándote a ella, trayendo sentimientos de balance y calma. Determina la intención de que toda tensión y energía excesiva fluya hacia fuera de tu cuerpo conforme te enfocas en liberarlo a través de tus raíces hacia la tierra. Con cada respiración siéntelo drenar más y más, conforme continúas enfocándote en tus pies y te asientas por completo. Cuando te sientas listo, agita tus pies y dedos, estírate y toma algunas respiraciones para calmarte antes de continuar con tu día.

- Una manera alternativa descrita por Lita de Alberdi en su libro *Channelling*[4] es 'Visualiza un rayo de luz yendo hacia la tierra desde tu chakra base en la parte inferior de tu columna. Siente la conexión que se hace. Te puede ayudar visualizar un cristal en el centro del planeta con el cual estás conectando. Siente la luz entrar en el cristal y de nuevo regresando a ti.'

Es natural para aquellos que están en crisis y que no están acostumbrados a estar en su cuerpo, que encuentren que su mente está vagando inicialmente. Al gentil y persistentemente llevar a la mente de vuelta a la tarea en cuestión, cada vez vagará menos, permaneciendo totalmente presente y enfocada. La meta de conectar, asentarse y dispersar la energía será lograda.

Si haces bien los fundamentos, el resto será fácil. Me encontré con esta afirmación que resume de una hermosa manera la necesidad que todos tenemos de aterrizar – *Estoy conectado a la Madre Tierra y conozco la seguridad de estar aterrizado en la realidad, en el momento.*

Protección de Energía

¿Qué es la protección de energía y por qué la necesitamos? Si está lloviendo afuera, instintivamente usamos un paraguas o un impermeable para prevenir que nos mojemos y para evitar la inconveniencia y la incomodidad de la ropa mojada, y en algunas instancias, también para evitar una mayor susceptibilidad a pescar un catarro o un resfriado. El mismo principio aplica con la protección de energía, la cual es una medida preventiva para proteger al cuerpo físico y energético de las energías densas. Estas energías pueden ser vistas simplemente como la lluvia. Cuando se ven de esta forma, la protección de energía es sentido común. Hay algunas personas que sugieren que el uso de la protección está basado en miedo y que simplemente atraemos más miedo a nosotros debido a la ley de la atracción. Para aquellos que se sientan obligados a emplear la protección de energía por medio solamente del miedo, esto puede ser una representación precisa de lo que puede ocurrir. No defiendo esta razón ni la uso de esta manera, sin embargo, este aspecto del miedo vinculado con la protección necesita ser abordado, dado que la crisis espiritual puede involucrar niveles intensos de miedo. Viendo la protección como una función lógica y sencilla, tanto como ponerse un impermeable en la lluvia, elimina el elemento basado en miedo de ello.

No sólo son aquellos en crisis quienes necesitan protección de energía. Muchos de mis clientes han encontrado problemas derivados de una falta de protección, siendo víctimas desprevenidas de adhesiones de espíritus. Así que me encuentro enseñando una protección básica para la mayoría de ellos. Tal como con el aterrizar, es simple y rápido de aprender, pero sólo será efectiva si se implementa y refuerza regularmente. Una intención clara, como con todo, es de suma importancia.

Debido al nivel de sensibilidad energética y vulnerabilidad presentes con alguien en una crisis, la protección de energía es vital para evitar tanto como posible que la energía intrusiva dificulte el proceso y que debilite la energía del cuerpo. Dado que el miedo ha sido tan frecuentemente vinculado con la necesidad de protección en el pasado, es importante revertir esta mentalidad, facultando al individuo, recordándole que su energía es su derecho inherente y como tal él determina y permite lo que puede y no puede entrar en ella. La protección es una barrera a la energía intrusiva, así de sencillo. No evitará o limitará el crecimiento espiritual.

Hay numerosos métodos de protección. Yo enseño un método básico de burbuja a mis clientes, el cual también uso yo misma. Esta es la forma más simple:

> Sentado o acostado, cierra tos ojos e imagina que estás en una burbuja de luz completamente rodeándote, cómodamente revistiéndote de pies a cabeza a una distancia de dos pies de tu cuerpo. Visualiza y siente esa maravillosa burbuja de luz y la seguridad de estar dentro de ella. *Determina la intención de que sólo energía positiva y aquello que sea por tu más alto bien pueda permear la burbuja. Toda energía de menor vibración puede fluir fuera de la burbuja en cualquier momento.* Toma algunos minutos para realmente sentirte dentro de tu burbuja; disfruta la experiencia y la sensación de tranquilidad y seguridad que trae. Una vez que la energía esté fijada con la intención, estás listo para continuar tu día. Tiene sentido regularmente reforzar y actualizar tu protección de energía. Algunas personas personalizan su burbuja, eligiendo un color o añadiendo símbolos de protección también.

Al igual que la visualización, usar otros métodos de barrera como pirámides, capas y escudos, hay muchas otras técnicas que involucran los chakras individuales, símbolos, colores, cristales, aceites y sprays, y pedir asistencia de seres de luz como guías espirituales o del Arcángel Miguel.

Cualquiera que sea el método empleado, es antinatural cortar la energía completamente y necesita tener lugar un libre flujo para la salud y el bienestar. Hacer que la barrera sea completamente impenetrable puede conducir a una salud pobre y otros problemas, como yo descubrí como una adolescente después de crear una caja de concreto alrededor de mi campo energético con la intención de que no pudiera penetrarla ni salir de ella ninguna energía. Conforme la vibración del cuerpo energético se haga más ligera, será necesario cambiar tu método de protección de energía. Esto es completamente normal. Si un método no está funcionando muy bien, puedes experimentar con otro.

Practicar regularmente el asentamiento y la protección te faculta y trae de vuelta un nivel de control y manejo del cuerpo energético a aquellos en crisis. Con estas herramientas establecidas estamos listos para tomar el siguiente paso para superar una emergencia espiritual.

Abrir y Cerrar

Cuando el campo energético de un cliente está demasiado abierto por un periodo prolongado de tiempo, puede sentirse agotado y sensible al estímulo externo. Aprender a *abrir* y *cerrar* la energía a voluntad es liberador y puede cambiar la vida. Para cualquiera que esté trabajando con energía o que esté experimentando una emergencia espiritual, estas técnicas simples son invaluables. La intención es la clave, y en su forma más simple conlleva expandir la energía cuando se abre y contraerla cuando se cierra. La palabra *cerrar*, sin embargo, no debería tomarse demasiado literalmente; una contracción del campo energético, o la ralentización de la rotación de los centros energéticos es una mejor descripción, dado que literalmente cerrarlo sería poco saludable y podría resultar muy problemático.

Yo siempre me asiento, me protejo y me abro antes de ver a los clientes, asegurando que cierre de nuevo una vez que he terminado. ¡Es un chiste local con mis amigos que soy tan intuitiva como un ladrillo cuando estoy cerrada! Yo hago esa elección y es de hecho bueno saber que mi intención está trabajando y que mi energía puede descansar, recargarse y no inadvertidamente entrometerse en la energía de alguien más hasta que me abra de nuevo. La etiqueta energética y el uso ético es un aspecto importante a considerar. Yo personalmente preferiría no arriesgarme a infringir en la energía de otras personas sin ser invitada. ¡No sólo es peligroso, es descortés!

Para la emergencia espiritual, el aterrizar y la protección son el enfoque principal, así que enseñar a abrirse y cerrarse no se recomienda hasta que el periodo inicial de crisis esté bajo control.

Durante un periodo estable se pueden enseñar entonces los principios con el énfasis puesto en cerrar o contraer su energía primero. Con el tiempo abrir puede también introducirse, una vez que un entorno seguro para el trabajo con energía se haya creado y establecido, más de lo cual será cubierto más adelante en el capítulo. Dependiendo del nivel de la crisis encontrada, la instrucción uno a uno y la práctica de abrir y cerrar efectivamente es recomendable antes de su uso sin supervisión.

Lugar Interior Seguro

La creación de un lugar interior seguro es usada para fortalecer el ego y proporcionar un *contenedor* seguro para el trabajo con energía.

Durante un emerger espiritual el proceso de consciencia, revelación, crecimiento y sanación puede ocurrir. Probablemente tenga sus altibajos pero en conjunto la información recibida puede ser asimilada y tratada efectivamente. Las experiencias sin resolver del pasado o presente pueden surgir espontáneamente, combinándose con emoción intensa para demandar atención inmediata. La manifestación energética puede ser de naturaleza de una memoria, simbólica, arquetípica, mística o divina. Puede surgir en los momentos más inoportunos – en un autobús o en el supermercado. El episodio pasa pero el asunto sin resolver permanece, suprimido hasta la siguiente ocasión en que surja o explote hacia la consciencia.

A fin de explorar y transformar los asuntos sin resolver, se puede crear y usar un entorno seguro. Muchos trabajadores de energía usan un *lugar seguro* para su propio trabajo. Tiene varios usos y beneficios más allá de una emergencia espiritual. Por muchos años yo he usado mi propio lugar seguro, un prado con un árbol de roble, para con seguridad llevar a cabo el trabajo remoto con energía y para canalizar a seres superiores de luz.

Para casos severos o prolongados de emergencia espiritual, esto puede no ser posible. La persona puede no tener la habilidad energética para crear un lugar seguro o mantener control sobre él. Los Grofs' han trabajado por décadas con casos extremos de emergencia espiritual y aconsejan que todo el trabajo con energía sea suspendido. En vez de ello permiten una expresión completa de cualquier cosa que surja por tanto tiempo como dure para completarse, en vez de suprimir la experiencia. Como este enfoque requiere apoyo, les gustaría que se ofrecieran instalaciones de cuidado de 24 horas, las cuales cuidarían de las necesidades básicas de la persona y de su seguridad por la duración del episodio, el cual puede durar días o semanas en este nivel de severidad.

Creación de un Lugar Interior Seguro

Esto se lleva a cabo en una sesión de uno a uno, explicando el objetivo al cliente de crear un lugar interior seguro donde se puedan relajar y simplemente disfrutar de estar en un entorno tranquilo y en calma que será usado para el trabajo de energía y terapéutico futuro. Yo prefiero usar una visualización guiada, no obstante, la hipnosis con una introducción kinestésica para hacerlo presente, incluyendo sugestiones directas e indirectas relacionadas al asentamiento y a la protección, funciona igual de bien. Se necesita solamente un estado de trance ligero.

Para aquellos familiarizados con la visualización guiada, querrán usar este método también, pintar y relajarse, y una imagen hermosa para su cliente. Asegúrate de incluir la respiración y relajación, asentar la energía a través de las plantas de los pies y la base de la columna, trayendo protección en forma de una almohada de luz alrededor de él. Conecta con el yo interior y con la tierra antes de continuar con el viaje a su lugar seguro elegido.

El lugar seguro deberá idealmente ser un lugar en la naturaleza. Pueden ya tener una idea de un lugar, una playa tropical o un claro en el bosque quizás. Esto puede cambiar durante la sesión, así que adáptate y fluye con su imaginación y con lo que sienten más cómodos. Una vez que hayan encontrado un lugar, trae todas las vistas, sonidos, texturas y aromas; ocupa los sentidos, animándoles a sentirse ahí total y completamente. Permite bastante tiempo para que tomen forma todas las características y cualidades de su lugar seguro. Enfatiza que este lugar es seguro y está protegido conforme lo exploran más.

Yo les pido a mis clientes que creen dos lugares. El primero es un lugar de sanación. Este puede ser una cueva de cristales o un lago de sanación, o cualquier otra cosa que quieran. El segundo es un santuario. Este puede ser un simple círculo de piedras o un templo elaborado, de nuevo, cualquier cosa que creen y sientan más apropiado para ellos les funcionará mejor. Durante la sesión las energías positivas de estos lugares pueden ser exploradas y disfrutadas. En el futuro serán herramientas útiles: el lugar de sanación se explica por sí mismo, el santuario es útil para la contemplación interna y perspectiva. Debido a la naturaleza de una emergencia espiritual, es una red de seguridad si una experiencia se hace abrumadora; un retiro seguro y pacífico.

Una vez establecido el lugar seguro, me gusta añadir una capa adicional de protección y seguridad. Pídeles que visualicen o sientan un domo protector desde la tierra hasta lo alto de su lugar seguro, encapsulando su espacio en seguridad total. La intención es que sólo la energía que ellos inviten pueda entrar en su lugar seguro. Si han practicado la técnica de protección de la burbuja, probablemente les será relativamente fácil crear el domo.

Después de la sesión el cliente puede desear extraer o escribir detalles de su lugar para ayudar a grabarlos en su memoria. Mientras más se vuelva a visitar el lugar seguro, más real se hace energéticamente. Si es apropiado, yo proporciono una grabación de la sesión para el uso en casa y para animar a los clientes a practicar por unos minutos cada día el hacer uso de su lugar de sanación y santuario.

Uso del Lugar Seguro en el trabajo de Energía y Terapéutico

Las barreras energéticas son fortalecidas con el uso del asentamiento, la protección y el lugar seguro, y esto permite que la exploración y el trabajo terapéutico tengan lugar o vuelvan a comenzar.

El inconsciente puede gentilmente llevar a la atención problemas y situaciones que actualmente están siendo suprimidos a través del lugar seguro. Los clientes pueden frecuentemente obtener una perspectiva profunda simplemente observando lo nuevo o lo que está diferente cada vez que lo visitan. Por ejemplo un objeto o una flor inusual pueden aparecer, los cuales tienen un significado oculto. Pueden invitar a su yo interior para hablar y obtener perspectivas.

En terapia el lugar seguro se convierte en el punto de entrada para todo el trabajo. Yo llevo a cabo la liberación de espíritus, las sesiones de sanación y de terapia de regresión efectivamente y con seguridad en esta manera con aquellos que están atravesando una emergencia espiritual. Podemos continuar expresando, explorando, transformando y sanando lo que sea que surja, utilizando el lugar seguro y sus características. Una vez que la crisis haya terminado, la práctica espiritual se puede retomar, idealmente incorporando el lugar seguro. Muchas personas gustan de encontrarse con guías espirituales y con animales de poder ahí también.

Estudio de Caso – Melanie

En ocasiones una crisis puede emerger rápida y dramáticamente de un emerger aparentemente estable, lo cual fue el caso con Melanie. Yo estuve presente en ese momento y juntas fuimos capaces de estabilizarla antes de que escalara a una emergencia completa. Fue un caso interesante porque puedes encontrarte con una situación similar con tus propios clientes, y aplicar las técnicas inmediatamente puede apaciguar la crisis y permitir que la terapia continúe con seguridad después.

Cuando conocí a Melanie, me llamó la atención su vitalidad. Ella estaba tan lúcida como una insignia, con una mente abierta e inquisitiva y con una sed de conocimiento para mantener su ocupación elegida como maestra. Melanie tenía una fuerte afinidad natural y entendimiento de la energía. Ella había escrito un libro sobre la sanación del corazón espiritual basado en intuición e inspiración e incorporando los últimos hallazgos en la investigación científica. Podía leer la energía de otra persona e identificar los problemas emocionales que necesitaran ser abordados. Su disposición para ayudarlos más fue una de las razones por las que ella se había embarcado en el entrenamiento como terapeuta de regresión.

Aquellos primeros meses de entrenamiento fueron un tiempo transformador. Ella encontró a otros con quienes podía hablar abiertamente sobre sus habilidades y su investigación y descubrió más de su habilidad natural abierta para canalizar la información superior directamente, al igual que atestiguar la mejora de sus clientes por las habilidades que había adquirido.

En un segundo evento de entrenamiento ella llegó con la intención de estar completamente abierta al conocimiento, a la energía y al proceso.

En una ocasión previa, Melanie había con seguridad canalizado a Seres Superiores de Luz siguiendo un protocolo estricto. No obstante, durante este taller estos Seres comenzaron a hablarle espontáneamente. Ella notó que estaba sintiendo la emoción de otras personas intensamente y esto alcanzó un crescendo cuando un miembro del grupo recibió malas noticias. Melanie comenzó a temblar y a llorar incontrolablemente al punto de un pánico de ansiedad. Reportó que sentía todos los niveles de dolor y de tristeza a través de su ser y no podía entender lo que estaba pasando. Anteriormente ella se había sentido en control total y armonía, así que esto le asustó y confundió.

En este punto, Melanie se había movido de emerger espiritual a emergencia. Para inmediatamente tratar la situación la llevé afuera a la naturaleza y le ayudé a enfocarse en la concientización, el aterrizar y la liberación de la energía que le afectaba. Se le explicó la naturaleza de una emergencia espiritual espontánea y juntas exploramos los posibles detonadores para ello. Melanie reconoció que su intención de estar completamente abierta a la energía cuando llegó al curso pudo haber sido un factor contribuyente.

Después de un mayor asentamiento y de comentarlo, se planeó una sesión para ese día más tarde, para rectificar el balance de su campo energético y establecer un lugar seguro de energía donde pudiera tener lugar el trabajo transformativo en un entorno seguro y protegido. Una revisión de energía intrusiva y de adhesiones de espíritus se llevó a cabo pero no se encontró ninguno.

Melanie sintió inmediatamente la contingencia, el aterrizar, y el rebalanceo de su energía. Creó su *lugar seguro* como un castillo porque esto se sentía 'fuerte y seguro' para ella, e instintivamente conocía todas las otras características y capacidades del lugar conforme practicaba usándolo.

Juntas revisamos la protección de energía que Melanie estaba usando en ese entonces. Esta se actualizó y se puso un énfasis en aterrizar y reforzar regularmente su protección de energía durante los días y semanas venideros.

Melanie dice de sus experiencias de emergencia espiritual:

Desde una edad muy temprana, siempre he sido capaz de sentir y leer las energías de las personas. Pensé que esto era algo normal y que todos podían hacer esto. En ocasiones era difícil. Siendo una pequeña niña, no comprendía lo que estaba leyendo, dado que no poseía suficiente madurez o experiencia de vida.

Pude también escuchar una voz en mi cabeza, la cual me consolaba cuando lo necesitaba o me ofrecía consejo. Pensé que esto era extraño y creí que era mi voz interior hablándome, pero las respuestas venían demasiado rápido. No tenía tiempo para inventarlas y eran respuestas intuitivas. Crecer con esta guía me ayudó con mis decisiones de vida.

Fue hasta que mi hermosa hija nació que las cosas se tornaron más intensas. Leía la energía más precisamente y recibía mucha más información a través de mi voz interior, pero esta vez no era solamente sobre mí, sino también sobre otros. Comencé a sentir presencias a mi alrededor y podía también leer su energía cuando dirigía mi consciencia hacia ellos. Empecé a tener problemas para dormir en las noches, dado que estas presencias me despertaban como diciendo, 'Hola, estoy aquí.' Mi hija tenía problemas para dormir también desde que nació. Sabía que había algo más a nuestro alrededor porque podía sentirlo. Por lo tanto, decidí buscar respuestas para entender mejor lo que estaba pasando.

Leí muchos libros y finalmente decidí entrenarme en terapia de regresión. Durante mi entrenamiento y estando en regresión, espontáneamente empecé a canalizar a un Ser de Luz y observé vidas pasadas muy significativas que explicaban mis habilidades. Fue una experiencia muy abrumadora e intensa. Después de la canalización, cuando el grupo se juntó, una persona recibió una llamada telefónica con noticias tristes y alarmantes. En ese momento, no sabíamos cuales eran las noticias, pero habíamos oído su grito de dolor. Fue también en ese momento que sentí la vibración emocional entrar en la habitación y entrar en mi cuerpo. No tenía control sobre la situación. La emoción se hizo cargo de mi cuerpo y me sentía enormemente triste y no podía detener el sentimiento. Janet, nuestra asistente entrenadora, vino para consolarme y todo lo que pude decir en medio del llanto fue, '¡¿Qué me está pasando?!' Janet me dijo que tomara algunas respiraciones profundas y que volviera a la habitación y me diera cuenta de dónde estaba. Tomó mi mano y con su presencia me aseguró que todo iba a estar bien. Salimos, donde fui capaz de liberar el exceso de energía y de aterrizarme.

Más tarde ese día, Janet me enseñó cómo podía bloquear estas vibraciones y evitar que entraran en mi cuerpo creando una protección intencional para escudarme, como una capa. También descubrí que soy una médium de trance y que esta era la razón por la cual podía escuchar la información. Janet luego procedió a enseñarme cómo crear un lugar seguro para mi canalización adonde podía conversar con mis guías o con Seres de Luz. A través de hipnosis y con la ayuda de mi mente superior creé un castillo de cristal con muros rodeándolo. Estos muros tenían muchas puertas donde las energías podían entrar, pero yo poseía las llaves para todas las puertas y era la única que podía abrirlas. Mi mente superior participó fortaleciendo los muros y creando un domo sobre el techo del castillo, confirmando que mi lugar seguro estaba a salvo. Estas estructuras me permitieron estar en control de las energías y manejar mejor la información que me era transmitida. La ayuda de Janet me permitió sentirme más facultada y no temer a mis habilidades, sino valorar quien soy.

La historia de Melanie indica cómo una emergencia espiritual espontánea, cuando se reconoce de manera temprana, se puede ser tratada efectivamente. Ella aprendió perspectivas valiosas y lecciones de la experiencia. Es común con muchas personas que la emergencia se ve como una parte importante en su desarrollo y apreciación de su naturaleza divina y unidad con todo lo que es.

Estudio de Caso – Daniel

Conocí a Daniel cuando me contactó para la liberación de un espíritu. Comentamos los síntomas que había experimentado por algún tiempo, los cuales estaban alineados con tener una adhesión de un espíritu, a la par de depresión, baja autoestima, enojo y ansiedad.

Él me recordaba a un alma vieja. Un pensador profundo que era sabio con las dificultades que el mundo está enfrentando y sintiendo una gran responsabilidad de ayudar de cualquier forma que le sea posible. Sin embargo, para Daniel, de diecinueve años, en vez de una masa de energía e ideas, estaba exhausto, letárgico, tenía pensamientos intrusivos; sentimientos y sensaciones corporales y un sentimiento generalizado de derrota como si el peso del mundo fuera demasiado. Había dejado la universidad y se encontraba en turbulencia sobre qué hacer después, con muy poca o nada de idea ni planes. No se podía concentrar y se sentía generalmente muy confundido y triste. Tenía un historial de uso de drogas recreativas, marihuana y demás. Después de experimentarlo a los trece, rápidamente se convirtió en una adicción hasta que finalmente la dejó seis meses antes. También había tenido un accidente automovilístico dos años antes cuando se golpeó en la cabeza y se fracturó el septo. Además, sus preocupaciones por la Tierra le preocupaban y le causaban una gran ansiedad. En todo lo que hacía, se aseguraba que actuaba tan ecológica y éticamente como posible. No obstante, nunca parecía ser suficiente. Tenía pensamientos intrusivos repetitivos de 'No he logrado nada', 'Lo dejé para demasiado tarde' y 'No sé quién soy' que lo plagaban. Su doctor le había prescrito antidepresivos para ayudar.

Durante las sesiones iniciales liberé un número de adhesiones de espíritus y tratamos un ataque psíquico sostenido que había estado ocurriendo por algún tiempo por un amigo inestable cuya paranoia inducida por las drogas lo había puesto en contra de Daniel en los meses recientes. Los siguientes síntomas me llevaron a pensar que Daniel podía estar en medio de una emergencia espiritual:

- Uso de drogas desde la adolescencia, específicamente cannabis y mota.
- Lesión en la cabeza.
- Vulnerabilidad a la adhesión del espíritu y un periodo de ataque psíquico implacable.
- Intensamente sensible a la naturaleza del mundo, al daño que se está haciendo combinado con la sensación de que no podía hacer nada para resolver los problemas.
- Consciencia despierta. Daniel había probado experimentos expansivos de la mente que encontró en el internet y en

libros.

- Era incapaz de engranar su vida diaria con todo lo que había encontrado cuando experimentaba estados alterados a través de la experimentación. Con la adición del ataque psíquico, sentía que todo era demasiado para él y se había retirado de la vida y del mundo.

Hablé con Daniel sobre la posibilidad de una emergencia espiritual, lo que es, y por qué sentía que él podía estar afectado por ella. Comentamos sus experiencias, pensamientos y sentimientos. El objetivo de las siguientes sesiones fue permitir que Daniel llegara a un punto en el que su energía estuviera estable, que su ego se fortaleciera y que pudiera avanzar a un trabajo transformacional más profundo a través de la terapia de regresión vía el lugar seguro.

Las actividades con él eran limpiar cualquier energía intrusiva que pudiera en ese momento y llevar a cabo el trabajo energético para asegurar que el ataque psíquico no se pudiera reinstalar. Luego el enfoque se puso en rebalancear y sanar su cuerpo de energía. Se creó para él un lugar seguro para usar en casa y en sesiones subsecuentes. Hablamos sobre la importancia y relevancia de aterrizar y de la protección, y le di un folleto para que se refiriera a él en casa para recordarle de las técnicas. Luego tuvo una sesión de hipnosis para aliviar la ansiedad y el estrés. Cuando se encontró estable, se uso una sesión de regresión vía el lugar seguro.

Daniel vivía lejos, así que una vez que estaba en un punto en el que la terapia pudiera continuar con seguridad, lo referí a un excelente terapeuta cerca de su hogar. Él estaba dispuesto a proceder y también consultó a su doctor, quien lo mandó a un asesoramiento y se le animó a descubrir que las terapias eran complementarias las unas con las otras. Después de tres sesiones de regresión que trataron los profundos asuntos sin resolver de tanto las vidas pasadas como su vida actual, y la liberación de otra adhesión de energía escondida, Daniel mejoró dramáticamente.

El objetivo de su terapia era tener una perspectiva más positiva, llevar los pasos para tomar decisiones sobre su futuro, y para limpiar su depresión y sus dolores físicos del pecho y de la cabeza. Después de la terapia Daniel tomó la decisión de ir a la India y se salió de la casa de sus padres. Estaba claramente continuando con su vida.

Me encontré con Daniel cuando volvió de su viaje transformativo a la India y le pedí que reflexionara sobre su experiencia como un todo, y qué efectos había tenido en él desde entonces. Él dio la siguiente respuesta:

Cuando fui a la India aún no estaba cien porciento seguro en mi cabeza y me estaba preocupando demasiado sobre todo. Viajé extensivamente, visitando Rajasthan, Delhi, Agra, Pushkar, Mumbai y Goa. Estuve ayudando en ONG's (organizaciones humanitarias no gubernamentales y no lucrativas) rehabilitando a niños de la calle. Les enseñé todo tipo de cosas. Fue una experiencia increíble y ahora estoy planeando estudiar Antropología en Goldsmiths College, Universidad de Londres.

Cuando te fui a ver en un inicio, sentí que me liberé de algo. Mucho salió a la superficie y me hice consciente de la abrumadora ansiedad y cómo no podía llegar a un punto para encontrar una perspectiva.

Desde las primeras sesiones noté que me podía separar de ella. El lugar seguro terapéutico ayudó. Lentamente menguaba después de la sesión y volvería inicialmente, en lo cual trabajamos. Sentí que era capaz de maniobrar alrededor de la ansiedad y salirme de ella.

Reflexionando sobre los antidepresivos y la terapia para

mis problemas de estrés y autoestima, los veo como capas de un proceso de sanación entero. Siento que se me ayudó a crear una perspectiva y reconocer cuán diferentemente las cosas me afectan. Me permitió ver cómo quería que la vida fuera. La enorme fatiga de la cual sufría fue tratada y también las sensaciones físicas que había experimentado previamente en mi cabeza y en mi pecho. También el trabajo contigo en las sesiones de asesoramiento ayudó, hablando sobre mi familia y asentándome en la realidad.

Fueron particularmente valiosos los ejercicios de protección y el conocimiento sobre la energía y las creencias new age. Puedes usar estas técnicas para que nada se te pueda trepar estando en la vida diaria. Quiero agradecerte por toda la ayuda desde que el trabajo se completó contigo y con el terapeuta de regresión. No he encontrado más problemas con adhesiones de espíritus y ninguna otra cosa.

El caso de Daniel ilustra cómo una emergencia espiritual puede evitar que la vida de una persona avance. Sus experiencias del mundo se hicieron tan abrumadoras que su instinto de supervivencia lo orilló a esconderse de todo, intentando prevenir mayores daños. Energéticamente estaba siendo atacado, lo cual amplificó el problema. Su historial de uso sostenido de drogas, una naturaleza sensible, la vulnerabilidad a la adhesión de espíritus y su lesión en la cabeza también contribuían. En este momento entró en profundos estados alterados sin supervisión y los problemas personales sin resolver crearon la receta tanto para un emerger como una emergencia espiritual. Frecuentemente existe apenas una fina línea entre la fragilidad natural de una persona y los sentimientos y pensamientos profundamente inquietantes que indican que una emergencia está teniendo lugar.

Es con frecuencia el caso de que aquellos que están experimentando una emergencia espiritual se encuentren tomando algún tipo de medicación, usualmente antidepresivos. Aunque son poco útiles para ciertos trabajos terapéuticos, se recomienda que el cliente permanezca medicado por tanto tiempo como el cliente y su doctor consideren necesario, reduciendo la dosis en el momento apropiado bajo las instrucciones del doctor. Todas las técnicas para el asentamiento, la concientización, la protección y la creación de un lugar interior seguro pueden ser usadas con aquellos con medicación antidepresiva de ligera a media.

El trabajo de Daniel con diferentes terapias le permitió llegar a un punto en el cual pudo reclamar su vida, permitiendo que su consciencia despierta floreciera.

Estudio de Caso – Nico

Nico fue referido a mí después de haber tenido una experiencia aterradora en la que sintió una preocupación genuina de perder la cordura durante una experiencia lúcida de ser Jesús soportando la crucifixión en la cruz. Él estaba consciente de la intensidad y de la naturaleza psicótica de este incidente que fue precedido por un periodo de experiencias menores pero muy perturbadoras que podían indicar un comienzo de psicosis. Él estaba comprensiblemente muy preocupado y más que un poco asustado.

Al hablar con Nico fue claro que su emerger espiritual había comenzado en una edad temprana. Mientras algunas experiencias eran positivas, su intuición le había llevado a tener dolorosas revelaciones y perspectivas sobre aquellos más cercanos a él. Por lo tanto daba saltos, como muchos en el camino espiritual, entre la aceptación y el bloqueo.

Una serie de importantes incidentes y dificultades en la vida de Nico lo llevaron a perseguir un entrenamiento en asesoramiento y en terapia. Siendo un empresario exitoso, Nico esperaba mantener sus dos mundos separados, el trabajo y su vida del hogar en un lado y el nuevo y emocionante mundo de revelaciones y sanación en el otro. Una batalla interna continuó sin cesar y se encontraba continuamente cuestionando y reevaluando sus propias y firmes creencias pasadas. A pesar de que esto era extremadamente difícil para Nico, también era un tiempo enormemente transformacional.

Mientras más descubría sobre su historia, más claro se hacía que era sólo cuestión de tiempo antes de que sucediera algo que cambiara el juego. Nico había sufrido dos lesiones serias en la cabeza en el pasado. Hay mucha evidencia documentada en torno al despertar espiritual después de este tipo de lesiones que pueden haber sido causadas por el daño al cerebro o al desbloquear un potencial latente. Cualquiera que sea la explicación, mucha gente ha reportado una experiencia espiritual o una consciencia expandida después de un trauma en la cabeza. Su emerger espiritual natural habiendo sido tanto valorado como rechazado en diferentes momentos de su vida, aunado con los traumas en la cabeza y una determinación de mantener su vida regular separada de todo lo que estaba experimentando, creó un conflicto y estrés dentro de él. Algo tenía que cambiar y así fue.

Eventualmente el emerger de Nico se convirtió en una emergencia. Las áreas de su vida que podía controlar las ponía en compartimientos como antes, pero en la noche comenzaba a experimentar sueños inquietantes y aterradores llenos de información alarmante de acontecimientos por venir sobre los cuales sentía que no tenía control. Se había vuelto cada vez más susceptible a las adhesiones de espíritus y era cada vez más influenciado por sus asuntos sin resolver. La severidad de la situación quedó clara para Nico durante la profunda experiencia de convertirse en Jesús en la cruz, el punto en el cual fue referido a mí.

A lo largo de varias sesiones hablamos de sus experiencias,

explicando y educando en donde fue posible. Lo más importante fue darle consuelo y validación a sus sentimientos, pensamientos y experiencias. Se liberó energía intrusiva y trabajamos en el manejo de energía, enfocándonos en el aterrizar y en la protección. La vulnerabilidad de Nico a las adhesiones de espíritus permaneció hasta que la mayoría de asuntos sin resolver, los *ganchos* energéticos dentro de él, fueron sanados.

Adoptar una rutina regular de protección lo escudó de las energías intrusivas y de las adhesiones de espíritus. Es interesante notar que después de que la energía de Nico volvió a un estado de emerger, podía detectar con mucha claridad cuando alguna energía intrusiva había logrado entrar en su sistema de energía. Liberar las adhesiones de espíritus y escuchar su historia trajo información clave en torno a por qué la energía era atraída tan fuertemente hacia él.

Se le dieron a Nico ejercicios de manejo de energía en un folleto. Las personas en medio de una crisis encuentran difícil concentrarse y retener toda la información, así que vale la pena darles la información escrita para que se la lleven y puedan referirse a ella en casa. También las sesiones iniciales se mantuvieron relativamente cortas y cercanas la una a la otra.

Se creó un lugar interior seguro a través de la visualización y un trance ligero, y se le dio también una grabación para uso en el hogar. La crisis de emergencia fue suprimida rápidamente y Nico volvió a un estado de emerger seguro. Las sesiones de terapia fueron reinstauradas usando el lugar seguro para tener acceso a memorias de los asuntos sin resolver.

Hubo algunas ocasiones muy difíciles para Nico después de esto. Un estado de emerger en sí mismo puede ser difícil, a través de confrontar las creencias previas, cuestionamientos de sí mismo y resistencia. Con las técnicas proporcionadas fue capaz de prevenir que el estado de emergencia regresara.

Nico dice esto sobre su travesía:

Cuando era joven, quizás cuando tenía doce o diecisiete años, me sentía bien simplemente de estar vivo y solía hacer algo a lo que llamaba 'balbucear'. Era una clase de lenguaje de bebé sin sentido, pero cuando hablaba con este balbuceo me hacía sentir eufórico. Lo hacía casi todos los días. Era un sentimiento extático similar a una liberación de endorfinas después de hacer ejercicio. Me di cuenta que este balbuceo tenía cierta estructura, y que muchos de los sonidos los repetía. El sentimiento de júbilo era tan fuerte que deseaba sólo que pudiera continuar, pero nunca pude inducirlo. Era siempre espontáneo. Esto se detuvo después de un incidente en mi vida en el que sentí que había hecho algo en contra de mis principios básicos (en contra de Dios) y nunca volvió. Me di cuenta después que este balbuceo era 'hablar en lenguas', aunque en ese momento sólo me regocijaba de la euforia que me traía. Cuando cesó, sentí que fue porque ya no podía ser suficientemente puro para recibirlo. En este tiempo también tenía sueños, los cuales se volvían realidad.

Un poco después en la vida, cuando estaba en medio de una relación muy pasional, me desperté una noche sabiendo que mi novia había hecho algo indecoroso. La noche siguiente cuando la vi ella lo admitió. A pesar de esto, continuamos viéndonos hasta un día después de que había salido en la noche con sus colegas del trabajo. Por alguna razón, puse mi mano en el techo de su coche e instantáneamente supe que había tenido sexo con otra persona en el coche, lo cual fue posteriormente confirmado. Yo racionalicé que pudo haber sido un olor o algo, pero internamente yo conscientemente apagué cualquier cosa que me estuviera diciendo estas cosas porque ese conocimiento era simplemente demasiado doloroso. Había recientemente sufrido una lesión seria en la cabeza, lo cual cambió mi personalidad a una persona más dependiente. Sentí que había perdido un poco de mi habilidad mental, la cual hasta este punto había sido siempre una enorme ventaja en la vida. Hasta entonces todo en lo que me enfocaba lo recibía, y siempre había creído que todo pasaba por la mejor razón. Había una ligera posibilidad de que el accidente que resultó en mi lesión en la cabeza fue causado deliberadamente por otra persona. Mis pensamientos cambiaron a una perspectiva más negativa, y después de esto comencé a tener desconfianza de las personas en vez de buscar lo bueno, como solía hacer antes.

El siguiente evento importante fue un accidente automovilístico, donde, de nuevo, sufrí una lesión de cabeza seria. En el accidente me sentí atrapado en el humo y pensé que moriría. Esto me dejó con estrés post-traumático. Por ello busqué una terapia cognitiva-conductual (CBT, Cognitive Behavioral Therapy, por sus siglas en inglés), la cual eventualmente me llevó al camino para estudiar el asesoramiento y esto a su vez me llevó al entrenamiento en terapia. La CBT me ayudó lo suficiente para permitirme operar durante la vida normal diaria, pero sentí, de manera similar a lo que fue con la primera lesión en la cabeza, que me quedé en desventaja y estaba atrapado con ello de por vida. Durante el primer curso de entrenamiento el entrenador curó mi claustrofobia causada por el accidente usando terapia de regresión. La asombrosa diferencia fue que la CBT me había ayudado a suprimir los síntomas y a tenerlos bajo control, y en sólo una regresión la causa raíz del problema fue transformada y la energía fue dispersada. Los resultados en mi vida fueron instantáneos. Mientras manejaba a casa después de la sesión me di cuenta que ya no estaba nervioso como lo había estado antes, y cuando tuve que ir por una resonancia magnética, me sentí cómodo, en vez de sentirme atrapado en la cámara en la que uno entra. De hecho, como un conductor que cubre más de 40,000 millas al año, fue una gran revelación y libertad. No solamente se trató la claustrofobia, sino también otros problemas comenzaron gentilmente a resolverse.

En este tiempo comencé a experimentar muchos sueños inusuales y vívidos. Algunos eran placenteros, pero muchos tenían la sensación de ser vidas pasadas o sueños proféticos. Muchos eran bastante horribles. Tuve uno recurrente en el cual estaba yo en una cafetería en un barco con una ola que era por lo menos de 40 metros de altura y otro de un choque. Se hizo evidente que había de hecho pescado otra adhesión de un espíritu quien había muerto en un accidente automovilístico y había recogido experiencias de su vida pasada.

Estaba todavía resistiéndome a la existencia de las energías fuera de mí y por lo tanto me perturbaban mucho mis experiencias, y me preocupaba por el estado de mi propia salud mental.

Durante este tiempo las visiones nocturnas se volvieron más críticas y en ocasiones muy desagradables. Ciertamente no tenía control sobre ellas en la manera que tenemos con los sueños normales. Mientras algunos tenían la naturaleza de vidas pasadas, muchos se relacionaban a desastres globales, y otros a eventos catastróficos. Una falta de sueño severa comenzó a afectar mi vida diaria, y mi cognición sobre lo que estaba ocurriendo.

Esta pérdida de control culminó con una experiencia en la que me transporté inmediatamente a ser crucificado como Jesús en la cruz. La experiencia fue totalmente abrumadora, y hubo un miedo instantáneo de estar perdiéndome en la vida pasada realmente. La experiencia se sintió tan vívida, como si mi ser entero estuviera siendo absorbido por la experiencia. A diferencia de otras experiencias más moderadas de vidas pasadas, esta me abarcaba totalmente, llenándome con presentimientos y angustia. Sentí como si la enormidad de lo que tenía que lograr o experimentar fuera abrumador y me estaba llevando al punto de la locura. Sentí que tenía que detener el proceso o realmente perderme total y completamente. Estaba luego en una condición de estar mitad en la experiencia y mitad luchando por recuperar mi cordura.

La experiencia era en la noche y tenía miedo de irme a dormir por temer a perder mi ser. Habiendo estudiado la metodología formal del asesoramiento, sentí que podía fácilmente diagnosticarme a mí mismo como en proceso de volverme psicótico con una doble personalidad. Me sentía al borde de la locura en ese entonces. Tenía que esconder esto del mundo, e indudablemente no podía visitar a mi doctor porque tenía miedo del diagnosis tradicional y pensaba que podría ser internado. El sentimiento más extraño era que durante el día era un hombre de negocios completamente normal, funcionando con relaciones, tareas, cuentas y una rutina diaria. En la noche experimentaba una persona que estaba luchando por retener un control de la realidad.

Por fortuna en este tiempo comencé a trabajar con Janet, quien había atravesado también por una experiencia similar, y se me enseñó una serie de técnicas que ayudaron a estabilizar mis experiencias, permitiéndome controlar la visión nocturna y las adhesiones que buscaban refugio. Las técnicas no eran difíciles de aprender o aplicar. La creación de un lugar seguro internamente me permitió continuar con seguridad con las sesiones de terapia y se me aconsejó usarlo para meditar también.

Esto me ayudó enormemente. Las experiencias inusuales que había tenido por años fueron descritas como un emerger espiritual. Estas se intensificaron con el tiempo y se convirtieron en una emergencia espiritual. Con la emergencia bajo control, el punto de crisis terminó y pude continuar con mi vida diaria y las sesiones de terapia como deseaba. Desde entonces no he tenido ninguna otra experiencia psicótica. Estoy aún luchando con los nuevos aspectos de mi vida y mi personalidad, y el área entera que se ha abierto para mí. Ahora lo experimento más como una aventura que como algo que tuviera que soportar.

Luego tomé una decisión trascendental. Decidí abrirme más al lado espiritual de mi vida. Desde ese entonces muchas cosas han comenzado a cambiar fuera de todo reconocimiento. El cambio ha sido muy profundo y en muchas áreas difícil. Muchas áreas que yo pensaba que estaban en su lugar de por vida se han derrumbado. Muchas áreas viejas de mi vida están siendo limpiadas y otras que eran insignificantes o en estaban en segundo plano han asumido una importancia primaria. Este cambio ha sido doloroso en ocasiones y sospecho que hay aún mucho que ha de ser aceptado. Noto que tengo este atributo de despierto en mi naturaleza y, a pesar de que es desafiante, como un emerger espiritual frecuentemente es, con el tiempo he llegado a una concordancia con él y estoy aprendiendo a ser positivo con ello.

En el caso de Nico, el fortalecimiento del ego, la validación de experiencias y la educación fueron clave en su transformación, tal como fue la creación del contenedor de un lugar seguro para que usara para experiencias transpersonales y sanación. Ilustra cómo un emerger puede convertirse con el tiempo efectivamente en una emergencia debido a una serie de factores contribuyentes. Para Nico fue una apertura y habilidad naturales de canalizar desde la infancia, las lesiones en la cabeza que traían una consciencia psíquica, un despertar producido por su propia sanación, el estrés de mantener su vida separada y en compartimientos, y resistir nuevas y conflictivas perspectivas y creencias.

No está claro qué disparó la emergencia, pero Nico volvió relativamente rápido al estado más seguro de emerger. Aunque es mucho más estable, el estado de emerger es, por su propia naturaleza, siempre cambiante. Nico menciona que ha tomado desde entonces 'una decisión trascendental a abrirse más al lado espiritual de su vida'. Nico y todos los demás como él pueden continuar su travesía con seguridad, con perspectiva, la terapia como requerida y una aceptación de la parte verdaderamente real y espiritual y energética de su naturaleza y de sus vidas.

¿QUÉ SUCEDE DESPUÉS?

El objetivo es indudablemente que la emergencia espiritual renuncie a su control y regrese a un emerger espiritual estable. Para algunos esto puede ocurrir rápida y fácilmente, empleando las técnicas y sugerencias proporcionadas, especialmente si emerge rápidamente como en el caso de Melanie. Para otros puede tomar más tiempo. Frecuentemente es una línea delgada entre la aceptación y desear que simplemente desapareciera, como se ilustró con el caso de Nico. Luego están aquellos quien han emergido de pozos de desesperación, apenas reconocibles conforme emprenden nuevos retos emocionantes y viven una nueva vida, como fue el caso de Daniel. Superar la emergencia espiritual no es el fin de la historia; para cualquiera que la haya sobrevivido, es el inicio. Tal como es más oscuro antes del amanecer, la superación de una emergencia anuncia el amanecer de una nueva forma de ser y frecuentemente de vivir.

Finalmente, algunos consejos para clientes que están dejando atrás una emergencia espiritual. Para que no suceda de nuevo, necesitan cuidar de su cuerpo energético y físico y crear un entorno saludable en el cual vivan su vida a través de la expresión creativa para permitir que salga la energía, de la forma que lo prefieran, ya sea a través del arte, de escribir, de la danza, o cualquier otro medio. Necesitan continuar con la terapia como requerido, buscando las señales y estando listos para tratar cualquier problema antes de que emerja.

Un tema en común entre aquellos que han superado una emergencia espiritual es un deseo de ser útiles y de usar su experiencia para ayudar a otros. La aceptación y el entendimiento del importante rol que una emergencia espiritual jugó en mi vida se ha vuelto clave para evadir el juicio y en permitirme usar el regalo para ayudar a otros. Ha sido un regalo de apreciación, de ser parte del asombroso e infinito todo, y de reconocer la inmortalidad de nuestro ser, nuestra alma. Me siento bendecida por haber sobrevivido la experiencia, y el viaje que elegí me ha enseñado mucho. Trabajo duro todos los días para no olvidar estas verdades simples de nuestra alma.

El Viaje del Héroe de Nuestros Tiempos

La emergencia espiritual se ha asemejado al viaje del héroe del mito y leyenda. Las diferentes etapas simbolizan a aquellos experimentados durante una crisis de despertar espiritual. Cada historia comienza con el mundo diario y ordinario y luego viene la oportunidad de la aventura. Un evento ocurre provocando la necesidad de tomar el viaje, no obstante el miedo a lo desconocido o al posible peligro puede llevar a que ocurra un rechazo a seguir adelante. Durante el viaje, el héroe adquiere un mentor que le da las herramientas y confianza para atravesar el primer obstáculo. En el camino nuestro héroe se encuentra con pruebas, amigos y enemigos. Eventualmente el héroe llega a su destino y a una barrera final a superar para obtener el premio que ha estado buscando. El héroe regresa, enfrentándose con cualquier dificultad en el camino frente a él y vuelve salvo a casa con el premio. Puede desear compartirlo con otros para que también se beneficien. El héroe puede necesitar tiempo para ajustarse una vez que la emoción y la felicidad de volver a casa se hayan desvanecido. Su hogar se puede ver y sentir diferente, pero no habrá cambiado; el héroe habrá cambiado. Puede necesitar reajustarse a vivir dentro de la sociedad.

Un emerger espiritual puede tener bastante de la misma historia, no obstante, es la intensidad y la carencia de control sobre el viaje y lo que se puede encontrar adelante que es diferente en una crisis. Para un relato completo de la representación y simbolismo de cada uno de los doce elementos en el viaje del héroe, Catherine Lucas, la fundadora de la UK Spiritual Crisis Network, dedica un capítulo a su relevancia en su libro *In Case of Spiritual Emergency*.

Resumen de las Técnicas

- Normaliza la experiencia de crisis. Tranquiliza y explica los estados alterados.

- Suspende toda práctica espiritual y estados alterados hasta que el estado de crisis se haya estabilizado.

- Elimina la energía intrusiva cuando sea posible usando las técnicas que no involucran al cliente activamente.

- El aterrizar es crucial para hacer frente a una emergencia espiritual. Anima el uso regular de ejercicios de asentamiento con concientización, idealmente diariamente y con certeza cuando sea que te des cuenta que no están conectados con la realidad o sientes el inicio de una experiencia poco grata.

- Nota que algunas personas pueden encontrar inicialmente difícil asentarse, o pueden incluso activamente resistirse al proceso.

- Durante una crisis espiritual, la energía corporal es más sensible y vulnerable a energías intrusivas. La protección de energía es vital para bloquear la energía intrusiva de entrar al campo energético, debilitándolo y dificultando el progreso.

- Abrir y cerrar la consciencia energética conscientemente debe ser sólo realizado durante periodos estables. Se debe dar énfasis a cerrar tanto como posible durante episodios de crisis espiritual.

- Crea un Lugar Interior Seguro para el fortalecimiento del ego y como un contenedor seguro para meditación, terapia y toda forma de trabajo con energía una vez que el estado de emergencia se haya estabilizado.

- Permite que el material inconsciente con una carga emocional fuerte emerja a la consciencia. Este se puede explorar, sanar y transformar de manera segura una vez que la crisis energética se haya estabilizado y las técnicas se hayan puesto en marcha.

Sobre la Autora

Janet Treloar Dip Hyp, Dip RTh, SAGB app, SRF accrd.

Cuando era adolescente Janet experimentó su propia Emergencia Espiritual. El impacto dramático que esto tuvo en su vida le llevo a tener una pasión por ayudar a aquellos experimentando crisis energéticas. Es cualificada para ser Sanadora Espiritual,

Practicante de la Liberación de Espíritus, Terapeuta de Regresión, Terapeuta de Regresión a la Vida entre Vidas, Hipnoterapeuta y entrenadora certificada para la *Past Life Regression Academy*. Janet presenta charlas y talleres sobre muchos temas, incluyendo la emergencia espiritual internacionalmente. Para mayor información visita su sitio web: www.planet-therapies.com o contáctala por email: janet@planet-therapies.com.

Referencias

1. Grof, Christina & Stanislav, *The Stormy Search for the Self*, Thorsons, 1991.
2. Allen, Sue, *Spirit Release: A Practical Handbook*, O Books, 2007.
3. Lucas, Catherine, *In Case of Spiritual Emergency*, Findhorn Press, 2011.
4. De Alberdi, Lita, *Channelling; What it is and how to do it*, Piatkus, 1998.

LECTURAS ADICIONALES

TERAPIA DE REGRESIÓN

Churchill, R., *Regression Hypnotherapy,* **Transforming Press, 2002.** Este libro contiene material de enseñanza y transcripciones completas de sesiones de regresión a la vida actual para una variedad de condiciones, incluyendo fobias, aflicción, falta de confianza, saboteo de éxito, relaciones poco sanas, abuso y miedo al abandono. Es una excelente guía para principiantes y también un texto útil para terapeutas experimentados.

Ireland-Frey, L., *Freeing the Captives,* **Hampton Roads Publishing Company, 1999.** Este es una colección de estudios de caso en terapia de liberación de espíritus que está presentado de una manera muy interesante y legible. El libro proporciona un concepto más claro de cómo se pueden tratar las energías intrusivas clínicamente y mueve la práctica de la hipnoterapia un paso más cerca al modelo holístico de salud emocional, mental, física y espiritual.

LaBay, M.L., *Past Life Regression – A Guide for Practitioners,* **Trafford Publishing, 2004.** Este explica e ilustra el uso de la terapia de vidas pasadas en el contexto del asesoramiento y la obtención de un conocimiento más completo del carácter y propósito en la vida de uno. Presenta la teoría en pasajes concisos y estudios de caso interesantes.

Tomlinson, A., *Healing the Eternal Soul (Sanando el Alma Eterna),* **From the Heart Press, 2012.** Este es un libro definitivo de referencia en la terapia de regresión, tanto para la vida pasada como para la vida entre vidas. Andy comparte su valiosa experiencia a detalle y usa estudios de caso concretos para ilustrar sus puntos y técnicas. Este libro es imprescindible para cualquier practicante de terapia de regresión y cautivará a cualquier lector interesado en el tema.

Woolger, R.J., *Other Lives, Other Selves,* **Bantam Books, 1988.** Este es un libro sobre la transformación personal a través de la terapia de vidas pasadas. Entreteje la psicología de la reencarnación con el desbloqueo de los secretos de las memorias más íntimas de los pacientes para explicar cómo las flaquezas emocionales heredadas desde sus vidas pasadas pueden ser mejoradas y tratadas. A lo largo del texto se incluyen principios Jungianos de psicoanálisis.

Wooler, R.J., *Healing Your Past Lives,* **Sounds True Inc., 2004.** Este breve libro proporciona una serie de estudios de caso interesantes que ilustran el poder del descubrir las vidas pasadas en el proceso de sanación. Da una perspectiva de cómo los síntomas de la vida actual pueden estar relacionados con dramas de las vidas pasadas y memorias congeladas. También proporciona al lector la clave para desbloquear los misterios y preguntas con las que lidia en su vida actual.

Integración y Avance

Carter, R., *Mapping the Mind,* **Orion Books, 2003.** Este libro sobre la neuropsicología ilustra el vínculo entre el cerebro y la psicología. Permite a los lectores visualizar lo que ocurre en diferentes partes del cerebro y las conexiones con diferentes comportamientos. Tiene excelentes imágenes y resúmenes comprensibles y fáciles de leer de las funciones de todas las partes del cerebro, asombrosas anécdotas y fotos que interesarán al lector de principio a fin. Es un libro simple de uno de los temas más complicados.

Gerber, R., *Vibrational Medicine for the 21st Century*, **Inner Traditions, 2000.** Este ha sido llamado el mejor libro usando métodos integrados de sanación. El Dr Gerber sucinta y efectivamente explica a los profanos en la materia las diferentes maneras en las que los humanos somos más que meramente biomáquinas. Describe la relación integral entre nuestras mentes y cuerpos, y cómo cuando el nivel de balance de nuestra energía emocional es alterado, ocurren cambios y debilidades físicas que contribuyen a la enfermedad. El Dr Gerber ofrece evidencia científica de estudios de caso que prueban la eficacia de la combinación de la medicina moderna con los tratamientos médicos alternativos.

Técnicas que Empoderan al Cliente

Friedberg, Fred, *Do-it-yourself Eye Movement Technique for Emotional Healing*, **New Harbinger Publications, 2001.** Este excelente libro explica con claridad cómo usar la avanzada técnica de EMT para rápidamente ayudar en condiciones estresantes usando una combinación de dar palmadas y movimientos oculares.

Parnell, L., *Tapping In – A step-by-step guide to activating your healing resources through bilateral stimulation*, **Sounds True, 2008.** Este libro explica con claridad la técnica efectiva y fácil de usar del asimiento de recursos, relacionada al EMDR – cómo asir recursos positivos y luego como tener acceso a ellos.

Contratos del Alma y Propósito del Alma

Baker, L., *Soul Contracts: How They Affect Your Life and Your Relationships,* **Universe, 2003.** Un excelente libro que te ayuda a entender la verdad sobre tus razones detrás de la vida que elegiste crear y experimentar. Está lleno de historias personales que son profundas pero fáciles de vincular con uno y de entender. Este libro tocará tu alma.

Jenkins, P.W., Winninger, T.A., *Exploring Reincarnation,* **Celestial Voices, 2011.** Un libro canalizado por los maestros ascendidos quienes explican cómo siendo almas elegimos una serie de vidas humanas para aprender lecciones y obtener conocimiento.

Jenkins, P.W., Winninger, T.A., *Talking with Leaders of the Past,* **Celestial Voices, Inc., 2008.** Quince de nuestros líderes fallecidos comentan sus contratos del alma a través de un claro canal. Este libro fascinante y esclarecedor examina los contratos que establecieron antes de nacer y las lecciones que aprendieron.

Lawton, I., *The Big Book of the Soul,* **RS Press, 2010.** Entre muchas otras cosas, este libro contiene un análisis detallado de la investigación de los pioneros de la regresión al entre-vidas tal como Joel Whitton, Michael Newton, Edith Fiore, Helen Wambach, Peter Ramster y Dolores Cannon, y de sus precursores desde tan temprano como mitades del siglo diecinueve. También proporciona un análisis de lo que significa esta evidencia para cómo vemos nuestras vidas.

Lawton, I., and Tomlinson, A., *The Wisdom of the Soul,* **RS Press, 2010.** Diez excelentes sujetos de regresión a la vida entre vidas son conectados con sus Sabios y se les hace la misma serie de preguntas, cubriendo temas tan diversos como las adhesiones e intrusiones de energía, el propósito de la reencarnación,

Lecturas Adicionales

civilizaciones antiguas, tal como la Atlántida, y el significado del tiempo. Sus respuestas son luego analizadas en torno a su consistencia.

Myss, C., *Sacred Contracts*, Bantam Books, 2002. Caroline Myss ha desarrollado una manera ingeniosa de descifrar tus propios contratos, ayudándote a averiguar qué tienes que aprender aquí en la Tierra y a quién tienes que encontrar aquí.

Newton, M., *Journey of Souls*, Llewellyn, 1994. La narrativa está basada en los relatos de la vida entre vidas de 29 personas. Este importante libro pionero proporciona un cimiento sobre los contratos de almas y una referencia para mapear los reinos espirituales.

Newton, M., *Destiny of Souls*, Llewellyn, 2000. Sesenta y siete nuevos casos de la vida entre vidas, una exploración adicional de las maravillas de los reinos espirituales; expandiendo nuestro entendimiento del increíble sentido de orden en la vida después de la muerte.

Schwartz, R., *Your Soul's Plan*, Frog Books, 2007. Una excelente exploración a profundidad sobre por qué encarnamos, elegimos a nuestros padres y nuestras lecciones de vida usando diez cautivadores estudios de caso.

Tomlinson, A., *Exploring the Eternal Soul (Explorando el Alma Eterna)*, From the Heart Press, 2012. Andy lleva al lector más allá de las experiencias de la muerte y da una explicación amplia y comprensiva sobre la terapia de la Vida Entre Vidas. Pone el contenido de una manera estructurada que hace fácil seguirlo y entender lo que está pasando. Este es un libro altamente recomendado para entender sobre nuestras elecciones de vida y también para aquellos lectores que tengan curiosidad sobre lo que existe más allá de la muerte.

Sanación del Niño Interior

Bays, B., *The Journey,* **Thorsons, 1999.** La historia propia de Brandon sobre su notable auto-sanación después del descubrimiento de un tumor del tamaño de una pelota de béisbol en su abdomen. Tiene una cobertura profunda del trabajo con el niño interior.

Bradshaw, J., *Homecoming, Reclaiming and Championing Your Inner-Child,* **Piatkus, 1991.** John Bradshaw es una importante figura pionera en el campo de la recuperación y de las familias disfuncionales. Su trabajo con el niño interior es una poderosa herramienta terapéutica. Este es el primero de muchos excelentes libros de Bradshaw cubriendo todos los aspectos de este tema.

Ford, D., *The Dark Side of the Light Chasers,* **Hodder and Stoughton, 1998.** Debbie Ford te lleva a través de su propio viaje interior y te muestra cómo hacerte amigo con todos los aspectos de ti mismo, oscuridad y luz, para que puedas vivir de manera auténtica. Este es el perfecto acompañamiento par las personas que quieran entender más sobre el trabajo del niño interior y las sub-personalidades.

Ford, D., *Why Good People do Bad Things,* **Harper Collins, 2008.** Ella nos lleva al corazón de la dualidad y expone brillantemente la tragedia de la separación del ser auténtico. Esto también profundizará tu entendimiento sobre la razón de por qué el niño interior se congela en el tiempo.

Lecturas Adicionales

SUPERACIÓN DE UNA EMERGENCIA ESPIRITUAL

Grof, C. & S., *The Stormy Search for the Self,* **Thorsons, 1991.** Este es un libro a profundidad y detallado sobre el emerger y la emergencia espiritual por la autoridad pionera y líder en esta área. A pesar de estar escrito en los 90s es aún actual y proporciona una perspectiva clara y guía hacia el área gris entre la psicosis desde un ángulo de la salud mental y transpersonal.

Lucas, C., *In Case of Spiritual Emergency,* **Findhorn Press, 2011.** Catherine es la fundadora de la UK Spiritual Crisis Network. Ella experimentó una intensa emergencia espiritual por muchos años y este libro nació de su recuperación y la de otros como ella. Está bien escrito y documentado con la información más reciente y es una guía para profesionales de la salud mental y otros trabajando en este campo, aquellos experimentando una crisis espiritual, sus amigos y familiares.

Hassed, C. & McKenzie, S., *Mindfulness for Life. How to Use Mindfulness Meditation to Improve Your Life,* **Robinson, 2012.** La concientización es un ingrediente clave para hacer frente y superar una emergencia espiritual. Puede ser una herramienta muy útil en la vida diaria también y está siendo usada más y más en la profesión médica. Es una guía fácil de leer y amplia, escrita por dos expertos con tips y ejercicios prácticos, e información útil resumida al final de cada capítulo.

Courteney, H., *Divine Intervention,* **Cico Books, 2005.** Hazel es una escritora sobre la salud muy conocida. En 1998 ella tuvo una experiencia cercana a la muerte que evolucionó en una emergencia espiritual dramática y extensiva. Este es un relato de primera mano fascinante con perspectivas de los científicos y doctores quienes monitorearon, grabaron y la revisaron a lo largo de su crisis y su viaje a la recuperación. Un libro inspirador y revelador para leer.

ÍNDICE

Aceites esenciales 19-21, 45, 56, 165
Adhesiones de espíritus 5, 33, 35, 38, 46, 49-52, 188
Anclaje, aceites esenciales 19-21, 26
Anclaje, energía 23
Anclaje, esencia divina 14-18
Anclaje, profundidad del trance 172-179
Anclaje, vida pasada o presente 12-14, 90
Arquetipos del niño interior 65-66
Arterias bloqueadas 8
Autoestima 23

Canales de flujo de energía 46-7, 53
Chakra 43-8, 141, 153-154
Clientes resistentes 124
Conexión divina 14-8
Contratos de almas 89, 94
Cortar los cordones 88-9
Crisis de apertura psíquica 199
Cristales, aligeramiento 167
Cristales, calmar al cliente 152, 160-1
Cristales, calmar y suavizar 160-1
Cristales, elevación de las vibraciones del terapeuta 147-9

Cristales, elevar las vibraciones de la habitación 149-151
Cristales, información superior 158
Cristales, limpieza 164-6
Cristales, limpieza de chakras 153-5

Despertar Kundalini 194, 199, 214
Dolor epigástrico 104-9

Eczema 117-8
Emergencia espiritual
- Abrir y cerrar 224-5, 249
- aterrizar 212-5, 216-221, 248
- causas 198-200
- concientización 215-6
- definición 193-6
- historia 196-209
- identificación 193-6, 202-3
- limpieza de energía 210, 248-9
- lugar interior seguro 225-9, 249
- manejo de energía 211-25
- normalización 210, 248
- prácticas espirituales 210, 248
- protección de energía 221-224
- psicosis 200-1
Emerger espiritual 194

Emociones bloqueadas 134-138
Energía oscura, definición 35-6
Energía oscura, fragmentos 43, 52, 54-6
Energía oscura, limpieza del cliente 41-8
Energía oscura, limpieza del terapeuta 52-4
Energía oscura, limpieza remota 54-5
Enfoque integrado de la sanación 11, 27-9
Establecer metas 19, 27

Fuente 14, 16, 34-5, 42, 46-7, 56-9
Fuente cósmico 35, 41-2, 57

Globos en terapia 26, 70-1, 82, 85-86
Gratitud 22-4, 30
Grof, Stanislova 193, 200, 209

Hiperhidrosis 117-8
Hookup de Cook 149

Ideo-motor 16, 28-9, 39-40, 84, 156, 184
Inducción de Elman 129-131
Inducciones, espontáneas 131-134
Inducciones, profundización 172-179
Inducciones, rápidas 129-31

Limpieza de la habitación 163-4
Locura divina 196

Maldiciones 49-52
Medicina de vibración 27-8,
Medicina psicosomática 101
Memorias corporales 110

Niño interior, crecimiento 90-1
Niño interior, sanación espiritual 83-92
Niño interior, sanación tradicional 66-75

Paso al futuro 21-2, 91
Pensamientos, vienen de 257-8
Portales 35, 46-7
Problemas gástricos intratables 104-109
Protección de energía 42-6, 221-4
Pruebas de susceptibilidad a la hipnosis 127-9
Psicosis mística 194
Puente de afecto 83, 138

Reiki 100, 101

Sabios 3-6, 34-5, 38, 41, 46-56, 186
Salud holística 101
Sanación del bebé interior 92-3
Síndrome del intestino irritable 109-113

Tapping in 148, 185, 191
Tapping out 179-85
Técnica de movimiento ocular 179-80
Terapia de partes 24-7, 84-90
Tinnitus 113

Ultra depth 172, 190

Vértigo 113-6
Violación 36-9

www.ingramcontent.com/pod-product-compliance
Lightning Source LLC
Chambersburg PA
CBHW050122020526
44112CB00035B/2257